Д-р Джейрок Лий

Бдете
и се молете

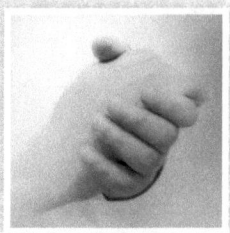

„И (Исус) дойде при учениците и ги намери заспали,
и каза на Петър: „Не можахте ли поне един час да бдите с Мене?"
Бдете и се молете, за да не паднете в изкушение.
Духът е бодър, а тялото – немощно."
(Матей 26:40-41)

Бдете и се молете от Д-р Джейрок Лий
Издадена от Юрим букс (Представител: Kyungtae Noh)
73, Шиндейбанг-донг 22, Донгджак-гу, Сеул Ю. Корея
www.urimbooks.com

Всички права запазени. Тази книга или части от нея не могат да бъдат възпроизвеждани в никаква форма, не могат да бъдат записвани във възпроизвеждаща система или предавани чрез електронни, механични, копирни или други видове средства без предварително писмено разрешение на издателя.

Освен ако не е изрично упоменато, всички цитати от Библията са взети от ревизираното издание на БИБЛИЯТА НА СЪВРЕМЕНЕН БЪЛГАРСКИ ЕЗИК на издателство „Верен," © 2000, 2001, използвани с разрешение.

Запазени права © 2017 от Д-р Джейрок Лий
ISBN: 979-11-263-0222-2 03230
Запазени права за превод © 2012 от Д-р Естер К. Чанг. Използван с разрешение.

Първо издание – март 2017 г.

Предишно издание на корейски език от Юрим букс, 1992 г.

Редакция Д-р Джюмсан Вин
Дизайн – Издателска къща Юрим букс
Печатна Prione
За повече информация: urimbook@hotmail.com

Предговор

Бог ни заповядва да се молим непрекъснато, учи ни по различни начини защо трябва винаги да го правим и ни предупреждава да се молим, за да не попаднем в изкушение.

Така, както дишането не е труден процес за човек, който се намира в добро здраве, за хората със здрав дух също не представлява трудност да живеят според Божието слово и да се молят непрекъснато. Това е така, защото колкото повече човек се моли, толкова повече ще се радва на добро здраве, всичко ще му върви добре и душата му ще преуспява. Ето защо е необходимо да обърнем голямо внимание на значението на молитвата.

Човек не може да диша с дробовете си, когато животът му свърши. В този смисъл, човек не може да диша духовно ако духът му е мъртъв. С други думи, човешкият дух станал смъртен заради греха на Адам, но хората, чиито дух след това бил възстановен от Светия дух, никога не трябва да престават да се молят докато духът им е жив, така както не можем да спрем да дишаме.

Новите вярващи, които скоро са приели Исус Христос, са като малки деца. Те не знаят как да се молят и намират молитвата за уморителна. Въпреки това, духът им ще порасне и ще стане по-силен ако се уповават безотказно на Божието слово и продължават да се молят енергично. Тогава ще осъзнаят, че не могат да живеят без да се молят, както никой не може да живее без да диша.

Молитвата не е само нашето духовно дишане, но и път за диалог между Бог и децата Му, който винаги трябва да остане открит. Трагичен е фактът, че в съвременните семейства в много случаи е прекъсната комуникацията между родителите и техните деца. Няма взаимно доверие и отношенията им са обикновена формалност. Въпреки всичко, няма нищо, което да не можем да кажем на нашия Господ.

Нашият всемогъщ Бог е любящ Баща, който най-добре ни познава и разбира, винаги бди над нас и желае да Му говорим. Следователно, за всички вярващи молитвата е ключът към сърцето на всемогъщия Бог и оръжие, което престъпва границите на времето и пространството. Нима не сме видели, чули и изпитали лично безкраен брой случаи на християни, чийто живот бил променен и посоката на световната история била сменена с мощна молитва?

Бог ще ни изпълни със Светия дух, ще ни позволи по-добре да разберем волята Му и да живеем според нея, ще ни позволи да надвием врага дявол и да побеждаваме на този свят, когато смирено се молим в молитвата за помощта на Светия дух. Въпреки това, когато човек не се моли и не успява да получи ръководството на Светия дух, той ще разчита основно и все повече на своите собствени мисли и теории, ще живее в неистината, която противоречи на Божията воля и за него ще бъде трудно да получи спасение. Ето защо Библията в Колосяни 4:2

ни съветва: *„Постоянствайте в молитва и бдете в нея с благодарение"* и в Матей 26:41: *„Бдете и се молете, за да не паднете в изкушение. Духът е бодър, а тялото – немощно."*

Причината, заради която Божият един и единствен Син Исус успял да постигне всичките Си дела според Божията воля, била заради силата на молитвата. Преди да започне Своето духовенство, нашият Господ Исус постил в продължение на четиридесет дни и показал пример на живот, изпълнен с молитви като се молил винаги, когато можел, дори и по време на Своето три-годишно духовенство.

Голям брой християни разбират значението на молитвата, но много от тях не получават Божиите отговори, защото не знаят как да се молят според Божията воля. Сърцето ми се късаше дълго време, когато виждах и слушах такива хора, но съм много доволен да издам книга за молитвата, на основата на 20-годишно духовенство и лични преживявания.

Надявам се тази малка книга да бъде от голяма помощ за всеки читател, който иска да срещне и да изпита Бога и да води живот, изпълнен с мощни молитви. Нека всеки читател да бъде бдителен и да се моли непрекъснато, за да се радва на добро здраве, всичко да му върви добре и душата му да преуспява, моля се в името на Господ!

Джейрок Лий

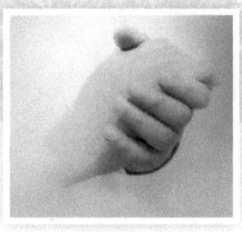

Съдържание

Бдете и се молете

Предговор

Глава 1
Искайте, Търсете и Хлопайте • 1

Глава 2
Вярвайте, че сте го получили • 19

Глава 3
Молитвата, която удовлетворява Бога • 33

Глава 4
За да не паднете в изкушение • 55

Глава 5
Молитвата на праведния човек • 71

Глава 6
Ако двама от вас се съгласят на земята • 83

Глава 7
Винаги се молете и не се отказвайте • 99

Глава 1

Искайте, Търсете и Хлопайте

„Искайте и ще ви се даде;
търсете и ще намерите; хлопайте и ще ви се отвори;
защото всеки, който иска, получава; който търси, намира;
и на този, който хлопа, ще се отвори.
Има ли между вас човек, който,
ако му поиска синът му хляб,
ще му даде камък или ако поиска риба, ще му даде змия?
И така, ако вие, които сте зли,
знаете да давате блага на децата си,
колко повече вашият Отец, Който е на небесата,
ще даде добри неща на тези, които искат от Него!"

Матей 7:7-11

1. Бог дава добри неща на тези, които искат от Него

Бог не иска Неговите деца да страдат от бедност и болести, а всичките им дела да вървят добре. Въпреки това, няма да пожънем нищо ако просто седим безцелно и не полагаме усилия. Макар и Бог да може да ни даде всичко във вселената, защото цялата вселена Му принадлежи, Той желае Неговите деца да искат, да търсят и да постигнат сами всичко, както гласи старата поговорка: „Ще нахраните ревящото бебе."

Човекът, който желае да получи всичко и просто да седи бездейно, не е по-различен от цветята, посадени в градината. Колко обезсърчени ще бъдат родителите ако децата им се държат като неподвижни цветя и прекарват деня си в леглото без да полагат усилия да живеят самостоятелно? Такова е поведението на един мързелив човек, който губи цялото си време докато чака плодът от дървото да падне в устата му.

Бог желае от нас да станем Негови мъдри и прилежни деца, които ревностно искат, търсят и се молят, затова се радват на Неговите благословии и Го възхваляват. Точно това е причината Той да ни заповядва да искаме, да търсим и да се молим. Никой родител няма да даде на детето си камък, когато то иска хляб. Никой родител няма да даде на детето си змия, когато то иска риба. Дори и когато бащата е лош, той иска да направи добри подаръци на децата си. Не мислите ли, че нашият Бог – който ни обичал дотолкова, че да даде Своя единствен обичан Син да умре за нас – няма да даде на децата Си добри подаръци, когато помолят?

В Йоан 15:16 Исус обещава: *„Не вие избрахте Мене, но Аз избрах вас и ви определих да излезете в света и да принасяте плод, и плодът ви да бъде траен; и каквото и да поискате от Отца в Мое име, да ви даде.“* Това е тържественото обещание на всемогъщия Бог на любовта, че ако ревностно искаме, търсим и се молим, ще отвори вратите към небето, ще ни благослови и дори ще отговори на желанията в сърцата ни.

Чрез стиха, на който се основава тази глава, нека научим как да искаме, да търсим, да се молим и да получим всичко, което желаем от Бога, за да бъде голяма слава за Него и голяма радост за нас.

2. Искайте и ще ви се даде

Бог казва на всички хора: „Искайте и ще ви се даде" и иска всички хора да бъдат благословени и да получат всичко, което искат. За какво иска Той да се молим?

1) Молете се за Божията сила и да видите лицето Му

След като създал небето, земята и всичко на нея, Бог създал човека. Той го благословил и му казал да бъде плодовит и да се размножава, да изпълни земята и да я покорява; да управлява над рибите в морето, над птиците в небето и над всички живи същества, които се движат на земята.

Въпреки това, първият човек Адам не се подчинил на Божието слово, загубил тези благословии и се скрил от Бога като чул гласа Му (Битие 3:8). Впоследствие, хората, които станали грешници, били отчуждени от Бога и тръгнали по пътя към унищожението като робите към врага-дявол.

За тези грешници, Богът на любовта изпратил Своя Син Исус Христос на земята да ги спаси и отворил вратата към спасението им. Ето защо, Бог ще прости греховете на всички хора и ще им даде подаръка на Светия дух ако приемат Исус Христос като свой личен Спасител и вярват в името Му.

Вярата в Исус Христос ни води към спасението и ни позволява да получим Божията сила. Едва когато Бог ни даде силата и мощта Си, можем да водим успешен религиозен живот. С други думи, само с висшето милосърдие и сила, можем да преодолеем света и да живеем според Божието слово. Нуждаем се от силата Му, за да победим дявола.

Псалми 105:4 гласи: *"Търсете Господа и Неговата сила; търсете лицето Му винаги."* Нашият Бог е *"АЗ СЪМ ОНЗИ, КОЙТО СЪМ"* (Изход 3:14), Сътворител на небето и на земята (Битие 2:4), Управител на цялата история и на всичко във вселената от началото и завинаги. Бог е Словото и чрез Словото създал всичко на вселената, ето защо Словото Му е сила. Думите на хората винаги се променят и те не притежават силата да създават или да предизвикват развитието на нещата. За разлика от човешките думи, които не са достоверни и винаги се променят, Божието слово е живо и изпълнено с мощ и може да породи делото на творението.

Следователно, независимо колко немощен е човек, той също може да породи делото на творението и да изгради нещо от нищото ако слуша Божието Слово, което е живо и вярва в него без колебание. Създаването на нещо от нищото не е възможно без вярата в Божието Слово. Ето защо Исус казал на всички, които застанали пред Него: *"Както си повярвал, така нека ти бъде"* (Матей 8:13). Накратко казано, да искаме Божията сила означава да искаме от Него да ни даде вяра.

Какво означава "Търсете лицето Му винаги"? Така, както не можем да твърдим, че "познаваме" някого без да сме виждали лицето му, „да търсим лицето Му" предполага усилието, което трябва да положим, за да открием „кой е Бог." Това означава, че онези, които преди са избягвали да видят лицето на Бога и да слушат гласа Му, сега отварят сърцата си, търсят и разбират Бога и се опитват да чуят гласа Му. Грешникът не е способен да повдигне главата си и се опитва да обърне гръб на останалите. Въпреки това, може да повдигне глава и да види другите хора след като получи прошка.

В същия смисъл, всички хора са грешници заради неподчинението на Божието слово, но ако на човек е простено чрез приемането на Исус Христос и ако стане Божие дете чрез приемането на Светия дух, той вече може да види Бога, който е светлина, защото е обявен за праведен от справедливия Бог.

Най-важната причина, заради която Бог казва на всички хора да „искат да видят Божието лице" е защото обича всички – грешниците – да бъдат сдобрени с Бога и да получат Светия дух като искат да видят лицето Му и да станат Негови деца, които могат да застанат лице в лице срещу Него. Човек ще получи небето, вечен живот и щастие, от които няма по-голяма благословия, когато стане дете на Създателя Бог.

2) Търсете Божието царство и Божията правда

Този, който е получил Светия дух и е станал дете на Бога, може да започне нов живот, защото е роден отново от Духа.

Бог, който счита една душа за по-ценна от небето и земята, казва на нас – Неговите деца да искаме да постигнем царството Му и правдата Му преди всичко друго (Матей 6:33).

Исус казал следното в Матей 6:25-33:

„Не се безпокойте за живота си – какво ще ядете или какво ще пиете, нито за тялото си – какво ще облечете. Не е ли животът повече от храната и тялото – от облеклото? Погледнете небесните птици, че не сеят, нито жънат, нито в житници събират; и пак небесният ви Отец ги храни. Вие не сте ли много по-скъпи от тях? И кой от вас може с грижа за себе си да прибави един лакът към ръста си? И за облекло защо се безпокоите? Наблюдавайте полските лилии как растат – не се трудят, нито предат; но ви казвам, че дори Соломон в цялата си слава не се е обличал като някоя от тях. Но ако Бог така облича полската трева, която днес я има, а утре я хвърлят в пещ, няма ли много повече да облича вас, маловерци? И така, не се безпокойте и не казвайте: Какво ще ядем?, или: Какво ще пием?, или: Какво ще облечем? (защото всичко това търсят езичниците), понеже небесният ви Отец знае, че се нуждаете от всичко това. Но първо

търсете Неговото царство и Неговата правда; и всичко това ще ви се прибави."

Какво означава „Търсете Неговото царство" и „Търсете Неговата правда"? С други думи, защо трябва да искаме да постигнем Божието царство и правда?

Бог изпратил Своя един и единствен Син на земята и позволил Исус да умре на кръста за хората, които били роби на врага-дявол и вървели към унищожението. Бог възстановил загубената от нас власт с помощта на Исус Христос и ни позволил да тръгнем по пътя към спасението. Колкото повече разпространяваме новините за Исус Христос, който умрял за нас и възкръснал, толкова повече унищожаваме силата на Сатаната. Колкото повече сила на Сатаната унищожаваме, толкова повече загубени души ще постигнат спасението. Колкото повече загубени души постигнат спасението, толкова по-голямо ще стане Божието царство. Ето защо, „Търсете Неговото царство" означава да се молим за делото на спасението на душите или за световната мисия, за да могат всички хора да станат Божии деца.

Ние живяхме в тъмнината и сред грехове и злини, но чрез Исус Христос получихме силата да застанем пред Бога, който е светлина. Бог живее в добрина, правда и светлина и затова с грехове и злини не можем да застанем пред Него, нито да станем Негови деца.

Следователно, „Да търсим Неговата правда" означава да се молим да бъде съживен мъртвият дух на човека, душата му да преуспява и да стане праведен като живее според Божието слово. Трябва да помолим Бог да ни позволи да чуем и да се просветим с Божието слово, да излезем от греха и тъмнината, да живеем сред светлината и да станем свети като наподобяваме Божията святост.

Отхвърлянето на делата на плътта според желанията на Светия дух и осветяването чрез спазването на истината означават постигането на Божията правда. Освен това, като искаме постигането на Божията правда ще се радваме на добро здраве, всичко ще ни върви добре и душите ни ще преуспяват (3 Йоаново 1:2). Ето защо Бог ни заповядва първо да се стремим да постигнем Божието царство и правдата Му и ни обещава да получим всичко останало, което искаме.

3) Поискайте да бъдете Негов служител и да изпълнявате отдадени от Бога задължения

Ако искате да постигнете Божието царство и правдата Му, трябва да се молите да станете Негов служител. Ако вече сте Негов служител, трябва страстно да се молите да изпълнявате отдадените ви от Бога задължения. Бог награждава онези, които страстно Го търсят (Евреи 11:6) и ще награди всички хора според сторено от тях (Откровение 22:12).

В Откровение 2:10 Исус казал: *"Бъди верен до смърт и аз ще ти дам венеца на живота."* Дори и в този живот, човек може да получи стипендия и да постъпи в добър колеж, когато учи прилежно. Човек може да бъде повишен в службата си, да получи по-добро отношение и по-висока заплата, когато се труди усилено.

В същия смисъл, Божиите деца ще получат по-големи задължения и по-големи възнаграждения, когато изпълняват съвестно отдадените им от Бога задължения. Наградите на този свят не могат да се сравняват с наградите на небесното царство по размер или слава. Следователно, на своята собствена позиция всеки един от нас трябва да вярва страстно и да се моли да стане Божи служител.

Ако човек няма отдадено му от Бога задължение, той трябва да се моли да стане служител в Божието царство. Ако човек вече има задължение, той трябва да се моли да го изпълни добре и да търси по-големи задължения. Мирянинът трябва да се моли да стане дякон, а дяконът трябва да се моли да стане старши дякон. Водачът на един манастир трябва да се моли да стане водач на район, водачът на район трябва да се моли да стане водач на по-голяма област и водачът на по-голяма област трябва да се моли да се издигне над тази длъжност.

Това не означава, че човек трябва да се моли за званието старейшина или дякон. Това означава да желае да бъде предан на своите задължения, да полага усилията си за тях, да служи и да бъде използван целият му капацитет от Бога.

Най-важното нещо за човек, който има отдадени от Бога задължения е да притежава такава преданост, с която е повече от състояние да изпълнява и по-големи задължения от тези, които има. За тази цел, той трябва да се моли, за да може Бог да го похвали: „Добре направено, добър и предан служител!"

1 Коринтяни 4:2 гласи: „*А това, което тук се изисква от настойниците, е всеки да се намери верен.*" Следователно, всички ние трябва да се молим да станем предани Божии служители в църквата, Божието тяло и на нашите различни длъжности.

4) Молете се за ежедневния хляб

Исус се родил беден, за да спаси хората от бедността им. Той бил бичуван и пролял кръвта Си, за да бъдат излекувани всички болести и недъзи. Ето защо е естествено за Божиите деца да се радват на богатство и здраве в живота си и да им върви добре във всички начинания.

Когато се молим за постигането на Божието царство и правда, Той ни казва също, че ще получим и тези неща (Матей 6:33). С други думи, след като поискаме постигането на Божието царство и правда, ние трябва да се молим за нещата, които са ни необходими на този свят като храна, дрехи, подслон, работа, благословии в работата, благоденствие на семействата ни и т.н. Бог тогава ще ни изпълни, както е обещал. Имайте предвид, че Бог няма да отговори на молитвата ни ако искаме такива неща, водени от сладострастията ни, а не за славата Му. Молитвата за греховни желания няма нищо общо с Бога.

3. Търсете и ще намерите

„Търсенето" означава, че сме загубили нещо. Бог иска хората да притежават това „нещо", което са загубили. Той ни заповядва да търсим и затова първо трябва да разберем какво е това „нещо", което сме загубили. Трябва да разберем също така как да го намерим.

Какво сме загубили и как можем да го „търсим"?
Първият човек, когото Бог създал, бил живо същество, изградено от дух, душа и тяло. Като живо същество, което могло да общува с Бога, който е Дух, първият човек се радвал на всички благословии, които Бог му дал и живял според словото Му.

Въпреки това, след като бил изкушен от Сатаната, първият човек не се подчинил на Божията заповед. В Битие 2:16-17 намираме: *„Господ Бог заповяда на човека: От всяко дърво в градината свободно да ядеш, но да не ядеш* *от дървото за познаване на доброто и злото, защото в деня, когато ядеш от него, непременно ще умреш."*

Въпреки че цялото задължение на човека било да се страхува от Бога и да спазва Неговите заповеди (Еклесиаст 12:13), първият човек не спазил Божията заповед. Накрая, както Бог го предупредил, след като ял от дървото на познанието на доброто и злото, духът в него умрял и станал човек на душата, който вече не бил в състояние да общува с Бога. В допълнение, духовете на всичките му потомци умрели и те станали хора от плът, които не били повече в състояние да спазват задълженията си. Адам бил изгонен от Райската градина на прокълнатата земя. Той и всички, които дошли след него, сега трябвало да живеят сред тъга, страдание и болести и могли да се изхранват единствено с пот на челата си. Те вече не могли да живеят по начин, достоен за целта на Божието творение и станали порочни, защото се стремяли към незначителни неща според мислите си.

Човек, чийто дух е умрял и са останали само душата и тялото му, трябва да възстанови загубения си дух, за да може да живее достойно според целите на Божието творение. Само когато мъртвият дух в човека се съживи, той може да стане духовен човек в състояние да общува с Бога, който е Дух и ще може да живее като истински човек. Ето защо Бог ни заповядва да търсим нашия загубен дух.

Бог открил за всички хора пътя за съживяването на мъртвия им дух и този път е Исус Христос. Когато вярваме в Исус Христос, както Бог ни обещал, ще получим Светия дух, който ще дойде, ще живее в нас и ще съживи нашия мъртъв дух. Когато търсим Божието лице и приемем Исус Христос след като сме чули неговото почукване на вратата на сърцето ни, Светият Дух ще дойде и ще роди дух (Йоан 3:6). Ние ще можем да живеем според словото Му с Негова помощ ако се подчиняваме на Светия дух, отхвърлим делата на плътта, ревностно го слушаме, приемаме, правим хляб от него и се молим за Божието слово. Това е процесът, в който мъртвият дух се съживява, човек става духовен и възстановява загубения образ на Бога.

Първо трябва да счупим черупката на яйцето и да отстраним белтъка, когато искаме да консумираме изключително хранителния жълтък. По същия начин, за да може един човек да стане духовен, той трябва да отхвърли делото на плътта и да роди дух чрез Светия дух. Това е „търсенето", за което говори Бог.

Представете си, че всички електрически системи в света са изключени. Нито един експерт не може сам да възстанови системите. Би отнело много време за изпращането на електротехници и за производството на необходимите части за възстановяването на електричеството във всички части на света.

По същия начин, ние трябва да чуем и да научим

Божието слово, за да съживим мъртвия дух и да станем напълно духовни хора. Познанието на Словото само по себе си не е достатъчно за превръщането ни в духовни хора, необходимо е също да го приемем и да се молим, за да живеем според Божието слово.

4. Почукайте и вратата ще се отвори за Вас

„Вратата", за която говори Бог е врата на обещанието, която ще се отвори, когато почукаме на нея. На коя врата казва Бог да почукаме? Това е вратата към сърцето на нашия Бог.

Преди да почукаме на вратата към сърцето на нашия Бог, Той първи почукал на вратите на сърцата ни (Откровение 3:20). В резултат на това, ние отворихме вратите на сърцата си и приехме Исус Христос. Сега е наш ред да почукаме на вратата на сърцето Му. Сърцето на нашия Бог е по-широко от небето и по-дълбоко от океана и ще получим всичко ако почукаме на вратата на неизмеримото Му сърце.

Когато се молим и хлопаме на вратата на Божието сърце, Той ще отвори вратите на небето и ще ни обсипе с богатства. Когато Бог, който отваря и никой няма да затваря и който затваря и никой няма да отваря, отваря вратите на небето и обещава да ни благослови, никой не може да застане на пътя Му и да прекъсне потока от благословии (Откровение 3:7).

Можем да получим Божиите отговори, когато почукаме на вратата към сърцето Му. В зависимост от това колко хлопаме на вратата Му, можем да получим повече или по-малко благословии. Вратите на небето трябва да бъдат широко отворени ако искаме да получим голяма благословия. Така се нуждаем да чукаме още повече и по-ревностно на вратата на Божието сърце и да Го удовлетворим.

Бог е доволен и удовлетворен, когато отхвърлим греха и спазваме Неговите заповеди в истината и можем да получим всичко, което искаме ако спазваме словото Му. С други думи, „чукането на вратата към Божието сърце" означава спазването на Божиите заповеди.

Когато ревностно хлопаме на вратата към сърцето Му, Бог никога няма да ни упрекне и да каже: „Защо чукаш толкова силно?" Напротив, вярно е точно обратното. Бог ще бъде много доволен и ще иска да ни даде това, което желаем. Ето защо се надявам да чукате на вратата към Божието сърце с делата си, да получите всичко, което искате и така да възхвалявате Бог.

Хващали ли сте някога врабче с прашка? Спомням си за един приятел на баща ми, който хвалеше уменията ми да правя прашка. Прашката е устройство, направено ръчно чрез внимателно издълбаване на парче дърво и изстрелване на камък с помощта на гумена лента, вързана около дървото с Y-форма.

Ако трябва да сравним Матей 7:7-11 с прашка, „искането" означава да намерим прашка и камък, с които да хванем врабче. След това трябва добре да научите да стреляте по врабчето. За какво ще Ви послужат прашката и камъкът ако не можете да стреляте? Може да построите мишена, да се запознаете с характеристиките на прашката, да се упражнявате с мишената и да откриете и да разберете най-добрите начини за хващане на врабче. Този процес е равностоен на „искането." Чрез прочитането, приемането и създаването на хляб от Божието слово, като Божие дете сега добивате качества, за да получите Неговите отговори.

Ако се научите да стреляте с прашка и се целите добре с нея, вече може да стреляте и това е подобно на „искането." Дори и да са приготвени прашката и камъкът и дори и да сте придобили умението да си служите с тях, няма да хванете птичка ако не стреляте. С други думи, само когато живеем според Божието слово, от което сме направили хляб в сърцето ни, ще получим това, което искаме от Него.

Искането, търсенето и хлопането не са отделни процеси, а взаимодействащи си действия. Сега знаете какво да искате, какво да търсите и къде да хлопате. Нека да възхвалявате много Бога като Негово благословено дете като получавате отговори на желанията на сърцето Ви чрез съвестно и ревностно питане, търсене и хлопане, моля се в името на Господ!

Глава 2

Вярвайте, че сте го получили

„Истина ви казвам:
Който каже на тази планина:
Вдигни се и се хвърли в морето,
и не се усъмни в сърцето си, а повярва,
че онова, което казва, се сбъдва – ще му стане.
Затова ви казвам: Всичко, каквото поискате в молитва,
вярвайте, че сте го получили,
и ще ви се сбъдне."

Марко 11:23-24

1. Голямата сила на вярата

Един ден учениците на Исус, които Го придружавали, чули да казва на безплодно смокиново дърво: *"Отсега нататък да няма плод от тебе до века"* (Матей 21:19). Те се удивили, когато дървото изсъхнало до корените и попитали Исус защо го направил. Той им отговорил: *"Истина ви казвам: Ако имате вяра и не се усъмните, не само ще извършите стореното на смокинята, но даже ако кажете на този хълм: Вдигни се и се хвърли в морето!, ще стане"* (Матей 21:21).

Исус също обещал: *"Истина, истина ви казвам, който вярва в Мене, делата, които върша Аз, и той ще ги върши, и по-големи от тях ще върши; защото Аз отивам при Отца. И каквото и да поискате в Мое име, ще го направя, за да се прослави Отец в Сина. Ако поискате нещо в Мое име, ще го направя"* (Йоан 14:12-14) и *"Ако пребъдете в Мен и думите Ми пребъдат във вас, искайте каквото и да желаете и ще ви се сбъдне. В това се прославя Моят Отец, да принасяте много плод; и така ще бъдете Мои ученици"* (Йоан 15:7-8).

Накратко казано, Създателят Бог е Бащата на хората, приели Исус Христос и затова могат да получат отговор на желанията на сърцата си, когато вярват и се подчиняват на Божието слово. В Матей 17:20 Исус казва: *"Поради вашето* маловерие. *Защото, истина ви казвам: Ако имате вяра колкото синапово зърно, ще кажете на тази планина: Премести се оттук там и тя ще се премести; и нищо няма да е невъзможно за вас.*" Защо толкова много хора не успяват да получат Божии отговори и да възхваляват Бога въпреки безкрайните часове на молитви? Нека видим как можем да възхваляваме Бога, когато получаваме всичко, за което се молим или копнеем.

2. Вярвайте във всемогъщия Бог

За да може човек да живее, от момента на своето раждане той се нуждае от такива неща като храна, дрехи, подслон и т.н. Въпреки всичко, най-същественият елемент за поддържането на живота е дишането; то прави възможен живота и му придава смисъл. Божиите деца, които са приели Исус Христос и са се преродили, също изискват много неща в живота, но най-важното от всичко в живота им е молитвата.

Молитвата е средство за общуване с Бога, който е Дух, както и дишането за духа ни. Освен това, молитвата също е начин да питаме Бога и да получим отговори и затова най-важната характеристика на молитвата е сърцето, с което вярваме във всемогъщия Бог. В зависимост от степента на вярата ни в Бога докато се молим, ние ще почувстваме истината в Божиите отговори и ще ни бъде отговорено според вярата.

Кой е Бог, в когото вярваме?

Когато описва Себе Си в Откровение 1:8, Бог казва: *"Аз съм Алфа и Омега, казва Господ Бог, Който е и Който е бил, и Който иде, Всемогъщият."* В Стария завет Бог е представен като Създател на всичко във вселената (Битие 1:1-31), Той разделил на две Червено море и позволил на израелтяните, които излизали от Египет, да го пресекат (Изход 14:21-29). Когато израелтяните се подчинили на Божията заповед и обикаляли около град Йерихон в продължение на седем дни докато надавали силни викове, привидно неразрушимите стени на Йерихон се сринали (Исус Навиев 6:1-21). Когато Исус Навиев се молил на Бога по средата на битката срещу аморейците, Бог направил така, че слънцето да застине и луната да спре (Исус Навиев 10:12-14).

В Новия завет, Исус, Синът на всемогъщия Бог, съживил мъртвите от гроба (Йоан 11:17-44), излекувал всички болести и недъзи (Матей 4:23-24), отворил очите на слепите (Йоан 9:6-11) и направил така, че куците да проходят отново (Деяния 3:1-10). Той също така прогонил силите на врага-дявол и на злите духове с помощта на Словото Си (Марко 5:1-20) и с пет самуна хляб и две риби, осигурил достатъчно храна за 5,000 души да се нахранят и да се заситят (Марко 6:34-44). Освен това, чрез успокояването на вятъра и вълните, Той ни показал лично, че е Управител на всички неща във вселената (Марко 4:35-39).

Ето защо, трябва да вярваме във всемогъщия Бог, който ни дава добри дарове с безкрайната Си любов. Исус казва в Матей 7:9-11: *"Има ли между вас човек, който, ако му поиска синът му хляб, ще му даде камък или ако поиска риба, ще му даде змия? И така, ако вие, които сте зли, знаете да давате блага на децата си, колко повече вашият Отец, Който е на небесата, ще даде добри неща на тези, които искат от Него!"* Богът на любовта иска да даде на нас, Неговите деца, най-добрите подаръци.

В Своята преливаща любов, Бог ни дал Своя един и единствен Син. Какво друго не би ни дал? Исая 53:5-6 казва: *"Затова ще Му определя дял между великите и Той ще раздели плячка със силните, защото изложи душата Си на смърт и към престъпници беше причислен, и защото взе на Себе Си греховете на мнозина и ходатайства за престъпниците."* С помощта на Исус Христос, който Бог подготвил за нас, ние получихме живот от смъртта, можем да бъдем спокойни и изцелени.

Ако Божиите деца служат на всемогъщия и жив Бог като техен Баща и вярват, че Бог предизвиква всички неща да действат заедно за доброто на онези, които го обичат и отговаря на онези, които Го молят, те не трябва да се тревожат или притесняват, когато са изкушени или страдат, а вместо това да благодарят, да се радват и да се молят.

Това означава „да вярваме в Бога" и Той е доволен да види такава вяра в хората. Бог ни отговаря също според вярата и ни позволява да Го възхваляваме като представя доказателства за Неговото съществуване.

3. Искайте с вяра без да се съмнявате

Създателят Бог на небесата, земята и човечеството позволил на хората да запишат Библията, за да може всички да научат волята и провидението Му. Освен това, Бог представя Себе Си по всяко време на онези, които вярват и спазват Словото Му и ни доказва, че е жив и всемогъщ чрез представяне на чудни знамения и чудеса.

Можем да повярваме в живия Бог само като виждаме творението Му (Римляни 1:20) и да Го възхваляваме като получаваме Негови отговори с нашата молитва, придружена от вярата ни в Него.

Съществува „физическа вяра", с която вярваме, когато знанията и мислите ни са сходни с Божието слово и „духовна вяра", видът вяра, с която можем да получим Неговите отговори. Докато твърденията на Божието слово са неправдоподобни спрямо човешкото знание и мислене, Бога ни дава вяра и увереност, когато Го молим с вяра в Него. Тези елементи водят до отговор и това е духовната вяра.

Яков 1:6-8 гласи: „*Но да проси с вяра, без да се съмнява ни най-малко; защото който се съмнява, прилича на морски вълни, които се тласкат и блъскат от ветровете. Такъв човек да не мисли, че ще получи нещо от Господа, понеже е колеблив, непостоянен във всичките си пътища.*"

Съмнението се поражда от човешките познания, мисли, аргументи и претенции и е предизвикано от врага-дявол. Съмняващото се сърце е лицемерно и измамно, а това е, което Бог мрази най-много. Колко трагично би било ако децата ви не вярваха, а се съмняваха дали сте техните билогични родители? В същия смисъл, как би могъл Бог да отговори на молитвите на децата Си ако те не могат да повярват, че Той е техен Баща, въпреки че Той ги е родил и ги храни?

Ето защо ни напомнят, че: „*Защото копнежът на плътта е враждебен на Бога, понеже не се покорява на Божия закон, нито пък може; и тези, които са плътски, не могат да угодят на Бога*" (Римляни 8:7-8) гласи: „*Понеже събаряме помисли и всичко, което се издига високо против познанието на Бога, и пленяваме всеки разум да се покорява на Христос"* (2 Коринтяни 10:5).

Бог е напълно удовлетворен и ни дава всичко, което искаме ако вярата ни се трансформира в духовна вяра и нямаме никакви съмнения. Моисей и Исус Навиев не се съмнявали, а действали с вяра и затова разделили Червено море, пресекли река Йордан и съборили стените на град Йерихон. По същия начин, когато кажете на планината: „Нека да бъдеш вдигната и изхвърлена в морето" и не се съмнявате в сърцето си, а вярвате, че това, което казвате, ще се случи, то ще бъде направено за вас.

Представете си, че сте казали на планината Еверест: „Иди да се хвърлиш в Индийския океан." Ще получите ли отговор на молитвата си? Очевидно е, че ще последва световен хаос ако планината Еверест наистина попадне в Индийския океан. Това не би могла да бъде и не е Божията воля и затова подобна молитва няма да се изпълни, независимо колко се молите, защото Той няма да ви даде духовна вяра, с която да Му вярвате.

Няма да получите вида вяра, с която да повярвате в сърцето си ако вие се молите за постигането на нещо, което противоречи на Божията воля. Може отначало да повярвате, че молитвата ви е изпълнена, но с течение на времето съмненията ви ще нараснат. Ще получим отговори, само когато се молим и искаме в съответствие с Божията воля без изобщо да се съмняваме. Следователно, ако молитвата ви не е получила отговор, трябва да осъзнаете, че това е така, защото сте искали нещо, което е в противоречие с Божията воля или сте в прегрешение, защото се усъмнявате или сте се усъмнявали в словото Му.

1 Йоаново 3:21-22 ни напомня: „*Възлюбени, ако нашето сърце не ни осъжда, имаме дръзновение спрямо Бога; и каквото и да поискаме, получаваме от Него, защото пазим заповедите Му и вършим това, което е угодно пред Него.*"

Хората, които спазват Божиите заповеди и правят това, което Го удовлетворява, не искат неща, които противоречат на волята Му. Можем да получим всичко, което искаме, винаги когато молитвата ни е в съответствие с волята Му. Бог ни казва: „*Всичко, каквото поискате в молитва, вярвайте, че сте го получили, и ще ви се сбъдне.*"

Ето защо, за да получим Божиите отговори, първо трябва да получим от Него духовната вяра, която ни дава, когато действаме и живеем според Словото Му. Съмненията ще изчезнат, ще притежавате духовна вяра и ще получите всичко, което искате, когато опровергавате всички аргументи и спекулации, представени срещу Божието знание.

4. Всички неща, които поискате в молитва, вярвайте, че сте ги получили и ще ви се сбъднат

Числа 23:19 ни напомня: „*Бог не е човек, за да лъже, нито човешки син, за да се разкае; Той каза и няма ли да извърши? Той говори и няма ли да го приведе в действие?*"

Трябва да вярвате, че сте получили всичко, което сте искали и за което сте се молили ако истински вярвате в Бога, искате с вяра и изобщо не се съмнявате. Бог е всемогъщ и предан и обещава да ни отговори.

Защо тогава толкова много хора казват, че не са успели да получат Неговите отговори, въпреки молитвата си с вяра? Наистина ли Бог не им отговорил? Не. Бог със сигурност отговорил на молитвата им, но отнема време, защото не са подготвили себе си като достойни съдове за приемане на Неговите отговори.

Земеделецът вярва, че ще пожъне плодове, когато посажда семена, но не може да ги пожъне веднага. След посяването на семената, те напъпват, цъфтят и раждат плодове. Някои семена се нуждаят от повече време, за да родят плодове, в сравнение с другите. По същия начин, процесът на приемането на Божиите отговори изисква подобни процедури на сеитба и подхранване.

Представете си, че един студент се моли: „Позволи ми да вляза и да уча в Харвардския университет." Бог със сигурност ще отговори на молитвата му ако се моли с вяра в силата Му. Въпреки това, отговорът на молитвата му може да не дойде веднага. Бог подготвя студента за превръщането му в подходящ съд за Неговите отговори и по-късно ще отговори на молитвата. Бог ще му даде сърцето да учи усилено и прилежно, за да успее в училище. Докато студентът продължава да се моли, Бог ще отстрани от съзнанието му всички светски мисли, ще му даде мъдрост и ще го просвети да учи по-ефективно. Според делата на студента, Бог ще направи така, че всичко в живота му да върви добре, ще му даде качествата за влизане в Харвард и ще изпълни желанието му, когато настъпи времето.

Същото правило се отнася за хората, поразени от болест. Те могат да бъдат излекувани, когато научат чрез Божието слово защо идват болестите, как могат да се излекуват и се молят с вяра. Трябва да открият стената от грях, която стои между тях и Бога и да стигнат до основата на източника на болестта. Нужно е да отхвърлят омразата ако болестта е дошла заради омраза и да трансформират сърцето си в сърце от любов. Трябва да получат от Бог силата да се контролират и да поправят вредния навик ако болестта е била причинена от преяждане. Само чрез такива процеси Бог дава на хората вяра, с която могат да вярват и ги подготвя да бъдат достойни съдове за получаване на Неговите отговори.

Молитвата за успешен бизнес не е по-различна от горепосочените примери. Бог първо ще ви подложи на изпитание, за да станете достоен съд за благословиите Му ако се молите да получите благословии в бизнеса. Той ще ви даде мъдрост и сила, за да водите с изключителен успех бизнеса, за да се разраства и да го управлявате в отлична позиция. Той ще ви ръководи към надеждни личности, постепенно ще увеличава прихода ви и ще развива бизнеса ви. Ще отговори точно според молитвите ви, когато настъпи избраното от Него време.

Чрез тези процеси на засаждане и подхранване, Бог ще води душата Ви към успех и ще ви подложи на изпитание, за да ви превърне в съд, достоен да получи всичко, което искате от Него. Ето защо, никога не трябва да бъдете нетърпеливи според собственото ви мнение. Вместо това, трябва да се приспособите към Божия срок и да чакате за определеното от Него време, вярвайки, че вече сте получили Неговите отговори.

Всемогъщият Бог отговаря на Своите деца в Неговото правосъдие и е удовлетворен, когато искат от Него с вяра според законите на духовното царство. Евреи 11:6 ни напомня: *„А без вяра не е възможно да се угоди на Бога, защото който идва при Бога, трябва да вярва, че има Бог и че Той възнаграждава тези, които Го търсят."*

Нека да удовлетворите Бога като притежавате такъв вид вяра, с която да вярвате, че вече сте получили всичко, което сте искали в молитвите си и да Го възхвалявате като получавате всичко, за което сте молили, моля се в името на нашия Господ!

Глава 3

Молитвата, която удовлетворява Бога

„И излезе да отиде по обичая Си на Елеонския хълм;
след Него отидоха и учениците.
След като стигна на мястото, им каза:
Молете се да не паднете в изкушение.
И Той се отдалечи от тях колкото един хвърлей камък
и като коленичи, молеше се, като казваше:
Отче, ако желаеш, отмини Ме с тази чаша;
обаче не Моята воля, а Твоята да бъде.
И Му се яви ангел от небето и Го укрепяваше.
И като беше във вътрешна борба,
молеше се по-усърдно;
и потта Му стана като големи капки кръв,
които капеха на земята."

Лука 22:39-44

1. Исус дал пример за правилна молитва

Лука 22:39-44 изобразява сцена, в която Исус се молил в Гетсиманската градина вечерта преди да поеме кръста, за да открие пътя за спасението на човечеството. Тези стихове описват много от качествата, които трябва да притежаваме докато се молим.

Как се молил Исус, за да може да носи тежкия кръст и да победи врага-дявол? Какво било сърцето Му, когато се молил, за да удовлетвори Бога с молитвата Си и да Му изпрати ангел, за да Го направи по-силен?

Въз основа на тези стихове, нека разгледаме правилното отношение към молитвата, която удовлетворява Бога и призовавам всеки от вас да разгледа собствените си живот с молитви.

1) Исус се молил редовно

Бог ни казва да се молим непрестанно (1 Солунци 5:17) и обещава да ни даде, когато искаме (Матей 7:7). Въпреки че е правилно да се молим непрекъснато и да искаме по всяко време, повечето хора се молят само когато искат нещо или имат проблеми.

Въпреки това Исус излязъл, за да отиде по обичая Си на Елеонския хълм (Лука 22:39). Пророк Даниил продължил да се моли на колене по три пъти дневно с молитви и благодарности към Бога, както правил преди това (Даниил 6:10) и двама от учениците на Исус – Петър и Йоан, се отделяли в определен час от деня, за да се молят (Деяния 3:1).

Трябва да следваме примера на Исус и да свикнем ежедневно да отделяме време, за да се молим непрекъснато. Бог е особено доволен от молитвата на хората на разсъмване, когато те се посвещават на Бога в началото на всеки ден и нощната молитва, с която благодарят на Бога за закрилата Му през деня. С тези молитви може да получите голямата Му сила.

2) Исус коленичил, за да се моли

Сърцето, с което се молите, застава изправено, когато коленичите и Вие показвате уважение към хората, на които говорите. Естествено е за всеки, който се моли на Бога, да коленичи в молитвите си.

Исус, Синът на Бога, се молил скромно докато коленичил в молитвата Си пред всемогъщия Бог. Цар Соломон (1 Царе 8:54), апостол Павел (Деяния 20:36) и дякон Стефан, който умрял като мъченик (Деяния 7:60) – всички те коленичили, когато се молили.

Притесняваме се и правим всичко възможно, за да не допуснем грешки, когато молим нашите родители или някой с власт за услуга или за неща, които желаем. Как можем тогава да бъдем небрежни телом и духом, когато знаем, че говорим на Създателя Бог? Падането на колене изразява уважението на сърцето ви към Бога и доверието ви в силата Му. Трябва да се държим коректно и да коленичим смирено, когато се молим.

3) Молитвата на Исус била в съответствие с Божията воля

Исус се молил на Бога: *„Обаче не Моята воля, а Твоята да бъде"* (Лука 22:42). Исус, Божият Син, дошъл на тази земя, за да умре на дървения кръст, въпреки че бил безгрешен и непорочен. Ето защо се молил: *„Отче, ако желаеш, отмини Ме с тази чаша."* Той познавал Божията воля, която била да спаси всички хора чрез един човек и се молил не за Своето собствено добро, а в изпълнение на Божията воля.

1 Коринтяни 10:31 гласи: *„И така, ядете ли, пиете ли, вършите ли нещо, всичко вършете за Божията слава."* Ние не отправяме правилната молитва ако искаме нещо, което не е за Божията слава, а отговаря на сладострастните ни желания; трябва да се молим единствено според Божията воля. Освен това, Бог казва да помним казаното от Яков 4:2-3: *„Пожелавате, но нямате; ревнувате и завиждате, но не можете да получите; карате се и се биете; но нямате, защото не просите. Просите и не получавате,*

защото зле просите, за да пилеете във вашите сладострастия." Ето защо, трябва да погледнем назад и да видим дали не се молим само за наше добро.

4) Исус изпитвал вътрешна борба в молитвата Си

В Лука 22:44 можем да видим колко искрено се молил Исус. *„И като беше във вътрешна борба, молеше се по-усърдно; и потта Му стана като големи капки кръв, които капеха на земята."*

Климатът в Гетсиманската градина, където се молил Исус, се охлаждал през нощта и било трудно човек да се изпоти. Можете ли да си представите какво напрежение изпитвал Исус в искрената и страстна молитва, за да станат капките Му пот като капки кръв, които падали на земята? Щял ли да се изпоти в страстната Си молитва ако се молил мълчаливо? Исус викал страстно и ревностно на Бога и потта Му станала „като капки кръв, които капели на земята."

В Битие 3:17 Бог казал на Адам: *„А на човека каза: Понеже си послушал гласа на жена си и си ял от дървото, за което ти заповядах, като казах: Да не ядеш от него, то проклета да бъде земята заради тебе; със скръб ще се прехранваш от нея през всички дни на живота си."* Преди да бъде проклънат, той водил изобилен живот с всичко, което Бог осигурявал за него. Общуването с

Неговия Създател било прекъснато, преди да съгреши с неподчинението на Бога и вече трябвало да се препитава чрез изморителен труд.

Какво трябва да направим, когато искаме от Бога нещо, което не е по силите ни ако всичко, което е възможно за нас, може да се постигне единствено с мъчителен труд? Моля ви да запомните, че ще получите от Него това, което желаете само ако викате на глас в молитвите си към Бога, с мъчителен труд и пот. Не забравяйте думите на Бога, че ще пожънем плодове само с тежък труд и усилия и как самият Исус се молил страстно и изпитвал вътрешна борба в молитвата Си. Винаги помнете това, правете, както е правил Исус и се молете по начин, който удовлетворява Бога.

Досега разгледахме как се молил Исус, който дал пример за правилна молитва. Как трябва да се молим ние, които сме обикновени Божии създания, ако Исус, който притежавал цялата власт, се молил примерно? Външният вид и отношението ни отразяват сърцата ни по време на молитвата. Следователно, сърцето и отношението ни към молитвата са еднакво важни.

2. Характеристики на молитвата, която удовлетворява Бога

С какво сърце трябва да се молим, за да удовлетворим

Бога и да отговори на молитвата ни?

1) Трябва да се молите от все сърце

Научихме от начина, по който се молил Исус, че молитвата от сърце произлиза от нагласата, с която се молим на Бога. Можем да определим с какво сърце се моли човек от нагласата му.

Нека видим молитвата на Яков в Битие 32. Яков се намирал в затруднено положение пред река Явок. Той не можел да се върне назад, защото имал споразумение с неговия чичо Лаван да не пресича граничната линия, наречена Галед. От друга страна, не можел да пресече Явок, където го чакал неговият брат Исав с 400 човека, за да го залови. В този отчаян момент гордостта и егото на Яков, на които разчитал, били напълно разрушени. Яков накрая разбрал, че проблемите му щели да се разрешат само ако посвети всичко на Бога и промени сърцето си. Борил се до такава степен в молитвата си, че счупил бедрената си става и накрая получил Божия отговор. Успял да разчувства Бога и да се сдобри с брат си, който го очаквал, за да се разправя с него.

Прочетете внимателно 1 Царе 18, където пророк Илия получил Божия „огнен отговор" и възхвалявал Бога в голяма степен. Когато идолопоклонството процъфтявало по времето на цар Ахав, Илия сам се сражавал срещу 450 пророка на Ваал и ги победил като получил Божиите отговори преди израелтяните и свидетелствал за живия Бог.

По онова време Ахав обвинявал пророк Илия за сушата в Израел в продължение на три и половина години и го издирвал, за да го убие. Въпреки това, пророкът бързо се подчинил, когато Бог заповядал на Илия да отиде при Ахав. Той отишъл пред царя, смело произнесъл думите, които Бог говорил чрез него и бързо възстановил всичко чрез молитва с вяра без да изпитва ни най-малко съмнение. Хората се завърнали към Бога и се разкаяли за своето идолопоклонство. Илия паднал на колене на земята с лице между колене си, когато страстно се молил да предизвика Божието дело на земята и да сложи край на сушата, която продължила три и половина години (1 Царе 18:42).

Нашият Бог ни напомня в Езекил 36:36-37: *„Тогава народите, останали около вас, ще познаят, че Аз, Господ, съградих разореното и насадих запустялото. Аз, Господ, изговорих това и ще го извърша. Така казва Господ Йехова: При това Израелевият дом ще Ме потърси, за да им го сторя. Ще ги умножа с хора като стадо."* С други думи, въпреки че Бог обещал на Илия пороен дъжд в Израел, това не било възможно без неговата страстна молитва от все сърце. Молитвата от сърце може истински да разчувства и да впечатли Бог, който веднага ще ни отговори и ще ни позволи да Го възхваляваме.

2) Трябва да викате на Бога в молитвата си

Бог обещава да ни чуе и да ни срещне, когато Го викаме, когато Го молим и Го търсим от сърце (Еремия 29:12-13; Притчи 8:17). В Еремия 33:3 Той също ни обещава: *„Извикай към Мен и ще ти отговоря, и ще ти покажа велики и тайни неща, които не знаеш."* Причината, заради която Бог ни казва да викаме на висок глас в молитвата си е, за да се молим от все сърце. С други думи, ще бъдем освободени от светските мисли, умората и сънливостта и нашите собствени мисли няма да си намерят място в съзнанието ни, когато се молим на висок глас.

Много църкви в днешно време вярват и учат своите паства, че да се пази тишина в светилищата е „божествено" и „свещено." Когато някои братя викат на Бога на висок глас, останалите от паството бързо решават, че не е уместно и дори ги осъждат като еретици. Това се получава без познаването на Божието слово и Неговата воля.

Ранните църкви, които били свидетели на велики дела на Божията сила и изцеление, удовлетворявали Бога в пълнотата на Светия дух като издигали единодушно глас към Него (Деяния 4:24). Дори и днес, можем да видим представянето на безкраен брой чудеса и знамения и изцелението на хората в църквата, когато се молят на Бога на висок глас, спазват и живеят според Божията воля.

„Викането към Бога" означава да се молим на Бога със страстна молитва и на висок глас. С такъв вид молитва, братята и сестрите в Христос могат да се изпълнят със Светия дух и да получат отговор на молитвите си и духовни подаръци чрез прогонването на възпрепятстващите сили на врага дявол.

В Библията има безкраен брой примери, в които Исус и множество праотци на вярата викали на Бога на висок глас и получили Неговите отговори.

Нека разгледаме някои примери в Стария завет.

В Изход 15:22-25 има сцена, в която израелтяните, след като напуснали Египет, тъкмо пресекли Червено море по суша след разделянето му от вярата на Моисей. Въпреки това, вярата на израелтяните била слаба и те роптаели против Моисей, когато не могли да намерят нищо за пиене след пресичането на пустинята Сур. Горчивата вода на Мара станала сладка, когато Моисей „викал" на Бога.

В Числа 12 има сцена, в която сестрата на Моисей, Мириам, станала прокажена след като говорила против него. Бог излекувал Мириам от проказата й, когато Моисей Му извикал с думите: „О, Боже, моля Ти се, изцели я."

В 1 Царе 7:9 четем: *„Затова Самуил взе едно агне сукалче и го принесе цялото за всеизгаряне на Господа. И*

Самуил извика към Господа за Израел и Господ го послуша."

3 Царе 17 представлява история за вдовицата от Сарепта, която показала своята гостоприемност към Илия, Божият служител. Когато синът се разболял и умрял, Илия извикал на Бога: *„Господи, Боже мой, моля Ти се, нека душата на това дете се върне в него!"* Бог чул гласа на Илия и момчето се съживило (3 Царе 17:21-22). Бог отговорил на молитвата на пророка, когато чул вика на Илия.

Йона, който бил погълнат и останал затворен във вътрешността на една голяма риба заради своето неподчинение към Бога, също получил спасение като викал силно в молитвата си. В Йона 2:2 четем: *„В скръбта си извиках към Господа и Той ме послуша; от вътрешността на преизподнята извиках и Ти чу гласа ми."* Бог чул вика Му и Го спасил. Независимо колко страшна и отчайваща е ситуацията, в която се намираме, като тази на Йона, Бог ще изпълни желанията на сърцето ни, ще ни отговори и ще разреши проблемите ни, когато се покаем за прегрешенията ни в очите Му и се молим на висок глас.

Новият завет също е изпълнен със сцени, в които хората викали на Бога.

В Йоан 11:43-44 виждаме, че Исус викал на висок глас:

„*Лазаре, излез навън*" и умрелият излязъл с ръце и крака, повити в саван и лицето му, забрадено с кърпа. Нямало значение за мъртвия Лазар дали Исус щял да го извика на висок глас или шепнешком. Въпреки това, Исус извикал на Бога на висок глас. Исус съживил мъртвия Лазар, чието тяло било мъртво в гробницата от четири дни с помощта на молитва според Божията воля и представил Божието величие.

Марко 10:46-52 разказва за изцелението на един сляп просяк на име Вартимей:

„*Дойдоха в Йерихон; и когато Исус излизаше от Йерихон с учениците Си и с едно голямо множество, Тимеевият син Вартимей, един сляп просяк, седеше край пътя. И като чу, че бил Исус Назарянинът, започна да вика: Исусе, сине Давидов, смили се над мен! И мнозина го мъмреха, за да млъкне; но той още повече викаше: Сине Давидов, смили се над мен! И така, Исус се спря и каза: Повикайте го. Повикаха слепеца и му казаха: Дерзай, стани, вика те. И той си хвърли дрехата, скочи и дойде при Исус. Исус заговори и му каза: Какво искаш да направя за тебе? Слепецът Му каза: Учителю, да прогледна. А Исус му каза: Иди си, твоята вяра те изцели. И той веднага прогледна и тръгна след Него по пътя."*

В Деяния 7:59-60, дякон Стефан, когото убивали с камъни като мъченик, извикал на Бога: *„Господи Исусе, приеми духа ми."* След това паднал на колене и извикал на висок глас: *„Господи, не им зачитай този грях!"*

Деяния 4:23-24; 31 гласи: *„И когато ги пуснаха, те дойдоха при своите и известиха всичко, което им казаха главните свещеници и старейшините. А те, като чуха, издигнаха единодушно глас към Бога и казаха: Владико, Ти си Бог, Който си направил небето, земята, морето и всичко, което е в тях. И като се помолиха, където бяха събрани, се потресе и всички се изпълниха със Святия Дух и с дързост говореха Божието слово."*

Можете да станете истински свидетел на Исус Христос и да покажете славата на Светия дух, когато викате в молитвата си към Бога.

Бог ни казва да се молим на висок глас, дори и когато постим. Няма да получим отговори от Бога ако по-голяма част от времето си прекарваме в сън, защото сме изморени от постите. Бог ни обещава в Исая 58:9: *„Тогава ще призоваваш и Господ ще отговаря! Ще извикаш и Той ще каже: Ето Ме! Ако махнеш отсред себе си хомота, соченето с пръст и нечестивите думи."* Милосърдието и силата отгоре ще се спуснат върху нас, ние ще победим и ще получим Божиите отговори според Неговото обещание, ако се молим на висок глас докато постим.

С „Притчата за неправедния съдия", Исус пита реторично: *"А Бог няма ли да отдаде правото на Своите избрани, които викат към Него ден и нощ, ако и да се бави спрямо тях?"* и ни казва да викаме в молитвата си (Лука 18:7).

Следователно, както Исус е казал в Матей 5:18: *"Защото истина ви казвам: Докато премине небето и земята, нито една йота, нито една чертица от закона няма да премине, докато всичко не се сбъдне."* Естествено е Божиите деца да викат в молитвата си, когато се молят. Това е Божията заповед, защото Неговият закон гласи да се храним с плодовете на нашия труд и ние ще получим Неговите отговори, когато викаме към Него.

Някои хора могат да се противопоставят, аргументирайки се с казаното от Матей 6:6-8 и да попитат: *"Трябва ли да викаме на Бога, когато Той вече знае от какво се нуждаем дори преди да попитаме?"* или *"Защо да викаме силно, когато Исус е казал да се моля тайно в моята стая със затворена врата?"* Никъде в Библията няма да намерите цитат, който да повелява хората да се молят тайно и удобно в стаите си.

Истинското значение на Матей 6:6-8 е призивът да се

молим от все сърце. Влезте във вашата вътрешна стая и затворете вратата зад вас. Ако вие се намирате в самостоятелна и спокойна стая, чиято врата е затворена, няма ли да бъдете откъснати от останалия свят? Така, както ще бъдем отделени от външния достъп в нашата собствена стая със затворена врата, Исус в Матей 6:6-8 ни казва да се абстрахираме от всички наши светски мисли, притеснения, тревоги и т.н. и да се молим от все сърце.

Исус разказал тази история като урок за хората, за да научат, че Бог не слуша молитвата на Фарисеите и свещениците, които по времето на Исус се молили на висок глас да бъдат хвалени и видяни от другите. Не трябва да се възгордяваме от количеството на молитвата ни. Вместо това, трябва да се борим в молитвата ни от все сърце на Него, който търси нашите сърца и съзнания, на Всемогъщия, който познава всичките ни нужди и желания и на Единствения, който е Въздесъщ.

Трудно е да се молим от все сърце с мълчалива молитва. Опитайте се да се молите като медитирате със затворени очи през нощта. Бързо ще разберете, че се борите против умората и светските мисли, вместо да се молите. Ще заспите без да го осъзнавате, когато се изморите да се борите срещу съня.

Вместо да се молите сред спокойствието на тихата стая, *"През онези дни Исус се изкачи на планината да се помоли и прекара цяла нощ в молитва към Бога"* (Лука

6:12) и „*И на сутринта, когато беше още тъмно, стана и излезе, и отиде в уединено място, и там се молеше*" (Марко 1:35). В своята таванска стая, пророк Данаил държал прозорците широко отворени към Ерусалим и продължавал да коленичи три пъти на ден с молитва и благодарност към своя Бог (Данаил 6:10). Петър се качил на покрива, за да се моли (Деяния 10:9), а апостол Павел излязъл вън от портата на брега на реката, където предполагал, че имало място за молитва и се молил там докато бил във Филипи (Деяния 16:13; 16). Тези хора определили специални места за молитва, защото искали да се молят от все сърце. Трябва да се молите по такъв начин, че молитвата ви да покоси силите на врага-дявол, управителят на въздушното царство и да стигне до небесния трон. Само тогава ще бъдете изпълнени със Светия дух, ще устоите на изкушенията и ще получите отговори на всичките ви проблеми, малки и големи.

3) Молитвата ви трябва да има цел

Някои хора могат да засаждат дървета, за да получат добър дървен материал. Други могат да засаждат дървета заради плодовете. Трети могат да използват дърветата за създаването на красива градина. Ако човек е засадил дървета без определена цел, преди фиданките да станат високи и стари, той може да изостави дърветата, загрижен с други неща.

Ясната цел във всяко начинание тласка напред хората и носи по-бързи и по-добри резултати и постижения. Без ясна цел начинанието не може да издържи дори и на малки препятствия, защото без посока има само съмнения и примирение.

Трябва да имаме ясна цел, когато се молим на Бога. Обещано ни е да получим всичко от Бога, когато сме изпълнени с вяра в Него (1 Йоаново 3:21-22) и ще можем да се молим по-страстно и с повече постоянство, когато целта на молитвата ни е ясна. Нашият Бог ще ни осигури всичко, от което се нуждаем, когато види, че в сърцата ни няма нищо осъдително. Винаги трябва да помним целта на молитвата ни и да се молим по начин, който удовлетворява Бог.

4) Трябва да се молите с вяра

Всеки човек има различна степен на вяра и затова получаваме различни отговори от Бога според вярата ни. Когато хората приемат за първи път Исус Христос и открият сърцата си, Светият дух започва да обитава в тях и Бог ги одобрява като Свои деца. Така е, когато вярата им е с размер на зърно горчица.

Вярата им ще порасне като спазват свят Господния ден и продължават да се молят, стремят се да изпълняват Божиите заповеди и живеят според Словото Му. Въпреки това, те могат да се усъмнят в Божията сила и понякога да се отчаят ако срещат изкушения и страдания преди да са стъпили здраво на скалата на вярата. След като веднъж стъпят на скалата на вярата, няма да паднат при никакви обстоятелства, а ще гледат към Бог с вяра и ще продължат да се молят. Бог вижда такава вяра и ще действа за доброто на онези, които Го обичат.

С висшата сила те ще се борят срещу греха и ще наподобяват Господ, когато се молят. Ще имат ясна представа за волята на нашия Господ и ще я спазват. Това е вяра, която удовлетворява Бога и ще получат всичко, което искат. Когато хората постигнат такава степен на вярата, те ще изпитат обещанието, представено в Марко 16:17-18, което гласи: *„И тези знамения ще придружават повярвалите: в Мое име бесове ще изгонват; нови езици ще говорят; змии ще хващат; а ако изпият нещо смъртоносно, то никак няма да ги повреди; на болни ще полагат ръце и те ще оздравяват."* Хората с голяма вяра ще получат отговори според вярата си и хората с малка вяра също ще получат отговори според вярата си.

Съществува „егоцентрична" вяра, която сами получавате и „вяра, отдадена от Бога." „Егоцентричната" вяра не е в съответствие с делата ни, а вярата, отдадена от Бога е духовна вяра, придружена винаги от дела. Библията ни казва, че вярата е даване на твърда увереност в онези неща, за които се надяваме (Евреи 11:1), но „егоцентричната" вяра не дава увереност. Дори и човек да притежава вяра, за да раздели Червено море и да премести планина, с „егоцентрична" вяра той не може да бъде сигурен, че ще получи Божиите отговори.

Бог ни дава „жива вяра", която е придружена с дела, когато ние, според собствената ни вяра в Него, се подчиняваме, представяме вярата си чрез дела и се молим. Когато Му покажем вярата, която вече имаме, тя ще се обедини с „живата вяра", която Той добавя върху нас, която от своя страна ще стане голяма вяра, с която можем да получим Божиите отговори без закъснение. Хората понякога изпитват неопровержима сигурност в Неговия отговор. Това е вярата, отдадена им от Бога и те вече са получили своите отговори ако притежават такава вяра.

Следователно, без да имаме ни най-малко съмнение, трябва да се доверим на обещанието на Исус, представено в Марко 11:24: *„Затова ви казвам: Всичко, каквото поискате в молитва, вярвайте, че сте го получили, и ще ви се сбъдне."* Необходимо е да се молим докато станем сигурни в Божиите отговори и получим всичко, което искаме в молитвите ни (Матей 21:22).

5) Трябва да се молите с любов

Евреи 11:6 гласи: *„А без вяра не е възможно да се угоди*

на Бога, защото който идва при Бога, трябва да вярва, че има Бог и че Той възнаграждава тези, които Го търсят." Няма да считаме молитвата за изморителна или трудна ако вярваме, че всичките ни молитви ще получат отговор и се съхраняват като наши небесни награди.

Така, както Исус се борил в молитвата Си, за да даде живот на човечеството, ние също можем да се молим страстно ако правим това с любов към другите души. Ако можете да се молите с искрена любов към другите, това означава, че сте способни да се поставите на тяхно място и да гледате на проблемите им като на свои, следователно ще се молите още по-ревностно.

Например, представете си, че се молите за изграждането на вашата църква. Трябва да се молите със същото сърце, с което бихте се молили за строителството на вашата къща. Така, както бихте питали подробно за земята, работниците, материалите и т.н. за вашия собствен дом, трябва да питате подробно за всеки елемент и фактор, необходим за изграждането на църквата. Ако се молите за един пациент, трябва да се поставите на негово място и да се борите в молитвата от все сърце сякаш вие самите изпитвате болката и страданието му.

Исус редовно падал на колене и се борил в молитвата с

Неговата любов към Бога и към човечеството, за да постигне Божията воля. В резултат на това бил открит пътят към спасението и всеки, който приема Исус Христос, сега може да бъде простен за прегрешенията си и да се радва на властта, на която има право като дете на Бога.

Според начина, по който се молил Исус и според характеристиките на молитвата, която удовлетворява Бога, трябва да прегледаме нашето отношение и сърцето ни, да се молим по начин, който удовлетворява Бога и да получим от Него всичко, което искаме в молитвите си.

Глава 4

За да не паднете в изкушение

„Дойде при учениците и ги намери заспали,
и каза на Петър:
Не можахте ли поне един час да бдите с Мене?
Бдете и се молете, за да не паднете в изкушение.
Духът е бодър, а тялото – немощно."

Матей 26:40-41

1. Живот с молитви: Дъхът на духа ни

Нашият Бог е жив, контролира човешкия живот, смъртта, проклятието, благословията, Той е Бог на любовта, правосъдието и добротата. Той не иска децата Му да изпадат в изкушение или да страдат, а да водят живот, изпълнен с благословии. Ето защо Той е изпратил на земята Светият дух, Съветникът, който да помага на децата Му да преодолеят този свят, да прогонят врага-дявол, да имат здравословен и радостен живот и да постигнат спасение.

Бог ни обещава в Еремия 29:11-12: *„Защото аз зная мислите, които мисля за вас, казва Господ, мисля за мир, а не за зло, за да ви дам бъдеще и надежда. Тогава ще извикате към Мен и ще отидете, и ще Ми се помолите; и Аз ще ви послушам."*

Трябва да се молим ако искаме да живеем в мир и надежда. Ако редовно се молим по време на нашия живот в Христос, няма да бъдем изкушени, душата ни ще преуспява, привидно „невъзможното" ще се превърне във „възможно", всички начинания в живота ни ще вървят добре и ще се радваме на добро здраве. Божиите деца ще бъдат изкушени и ще срещнат бедствия ако не се молят, защото врагът-дявол дебне като ръмжащ лъв и търси някого да погълне.

Така, както животът свършва ако не дишаме всеки ден, не можем да подчертаем повече значението на молитвата в живота на Божиите деца. Ето защо Бог ни заповядва да се молим непрестанно (1 Солунци 5:17), напомня ни, че е грехота ако не се молим (1 Царе 12:23) и ни учи да се молим, за да не бъдем изкушени (Матей 26:41).

Новите вярващи, които скоро са приели Исус Христос за първи път, намират за трудна молитвата, защото не знаят как да се молят. Нашият мъртъв дух се възражда, когато приемем Исус Христос и получим Светия дух. Духовното ни състояние в този момент е като това на дете и е трудно да се молим.

Въпреки това, духът им се засилва и молитвата им става по-мощна ако те не се отказват, а продължават да се молят и правят хляб от Божието слово. Така, както хората не могат да живеят без дишането, те осъзнават, че не могат да живеят без да се молят.

В детството ми някои деца се състезаваха кой ще издържи повече без да диша. Две деца заставаха едно срещу друго и едновременно си поемаха дълбоко въздух. Друго дете казваше „Готови" и двете деца поемаха, колкото се може повече въздух. Когато „съдията" извикваше „Старт", двете деца решително задържаха дъха си.

Отначало задържането на дишането не е много трудно. Въпреки това, след известно време децата започваха да се задушават и лицата им се зачервяваха. Накрая не можеха повече да задържат дишането и бяха принудени да си поемат въздух. Никой не може да живее без да диша.

Същото е с молитвата. Духовният човек отначало не забелязва голяма разлика, когато спре да се моли. Въпреки това, след известно време сърцето му започва да се натъжава и наскърбява. Духът му сигурно би бил почти задушен ако можехме да го видим с очите си. Той отново ще води нормален живот в Христос ако осъзнае, че причината са прекъснатите молитви и започне отново да се моли. Въпреки това, сърцето му ще се чувства още по-нещастно и тъжно ако продължи да извършва същия грях и не се моли и множество дела в живота му ще вървят наопаки.

Божията воля не е „да си почиваме" от молитвите. Така, както се задъхваме, докато дишането ни се нормализира, завръщането към нормалния живот с молитви от миналото е по-трудно и изисква повече време. Колкото по-продължителна е била „почивката", по-дълго време ще отнеме възстановяването на живота с молитви.

Хората, които осъзнават, че молитвата е въздух за духовете им, не намират за трудна молитвата. Ако те редовно се молят, както вдишват и издишват редовно, вместо да считат молитвата за изморителна или трудна, те стават по-спокойни, изпълнени с повече надежда и по-радостни от живота, отколкото ако не се молят. Така е, защото получават Божиите отговори и възхваляват Бога в молитвите си.

2. Причини, заради които изкушението сполетява хората, когато не се молят

Исус ни представил пример за молитва и казал на Своите ученици да гледат и да се молят, за да не попадат в изкушение (Матей 26:41). Ето защо, това означава, че ще паднем в изкушение ако не се молим редовно. Защо изкушението сполетява хората, когато не се молят?

Бог създал първия човек Адам, направил го живо същество и му позволил да общува с Бога, който е Дух. Духът на Адам умрял, общуването му с Бога било прекъснато и той бил изгонен от Еденската градина, след като ял от дървото на познанието на доброто и злото и не се подчинил на Бога. Постепенно все повече хората потъвали в грях, когато врагът-дявол, управителят на царството на въздуха, взел контрола над хората, които повече не могли да общуват с Бога, който е Дух.

Заплатата на греха е смърт (Римляни 6:23) и затова Бог разкрил провидението Си за спасение чрез Исус Христос за всички хора, които трябвало да загинат. Бог одобрява за Свое дете всеки, който приеме Исус за свой Спасител, признае греховете си и се покае и като символ за сигурност, Бог му дава Светия дух.

Светият дух, Съветникът, когото Бог изпратил, обвинява света за грях, за правда и за съд (Йоан 16:8), ходатайства в нашите неизговорими стенания (Римляни 8:26) и ни позволява да преодолеем света.

Молитвата е абсолютно необходима, за да бъдем изпълнени със Светия дух и за да получим ръководството Му. Само когато се молим, Светият дух ще говори с нас, ще разчувства нашите сърца и мисли, ще ни предупреди за предстоящи изкушения, ще ни покаже начините да ги преодолеем и ще ни помогне да ги надвием, дори и когато застанат на пътя ни.

Въпреки това, без молитва не е възможно да отличим Божията воля от волята на човека. Водени от светските си желания, хората, които не се молят редовно, ще живеят според старите си навици и ще следват това, което е праведно според собствените им разбирания. Ето как ги сполетяват изкушения и страдания докато срещат всякакви видове затруднения.

Яков 1:13-15 гласи: *„Никой, който бива изкушаван, да не казва: Бог ме изкушава, защото Бог не се изкушава от зло и Той никого не изкушава. А всеки се изкушава, като се завлича и подлъгва от собствената си страст; и тогава страстта зачева и ражда грях, а грехът, като се развие напълно, ражда смърт."*

С други думи, изкушенията сполетяват хората, които не се молят, защото не успяват да разграничат Божията воля от волята на човека, мотивирани са от светските им желания и страдат от трудности, защото не са способни да преодолеят изкушенията. Бог иска всичките Му деца да се научат да бъдат доволни при всякакви обстоятелства, да познават какво е да се намират в нужда и какво е да имаш много и да научат тайната да бъдеш доволен при всякаква ситуация, независимо дали сме сити или гладни, дали живеем в изобилие или в бедност (Филипяни 4:11-12).

Въпреки това, светските желания зачеват и раждат грях, а надницата за греха е смърт, затова Бог не може да защитава хората, които продължават да съгрешават. Колкото повече съгрешават хората, толкова повече изкушения и страдания им причинява врагът дявол. Някои хора, които изпадат в изкушение, разочароват Бога като твърдят, че Той ги изкушил и Той ги оставил да страдат. Това е проява на недоволство към Бога, такива хора не могат да преодолеят изкушенията и не дават никаква възможност на Бога да действа за доброто им.

Ето защо Бог ни заповядва да събаряме мисли и всичко, което се издига високо против познанието на Бога и да пленяваме всеки разум да се покорява на Христос (2 Коринтяни 10:5). Освен това ни напомня в Римляни 8:6-7: *„Понеже копнежът на плътта значи смърт, а копнежът на Духа значи живот и мир. Защото копнежът на плътта е враждебен на Бога, понеже не се покорява на Божия закон, нито пък може."*

По-голяма част от информацията, която сме научили и съхранили в съзнанията си като „правилна" преди да срещнем Бога се оказва грешна в светлината на истината. Ето защо можем изцяло да спазваме Божията воля, когато унищожаваме всички теории и плътски мисли. Трябва да се молим ако искаме да опровергаем аргументите и всички преструвки и да спазваме истината.

От време на време, Богът на любовта поправя Своите любими деца, за да не тръгнат по пътя на унищожението и позволява да ги сполетят изкушения, за да се покаят и да се върнат в правия път. Бог ще види вярата им и със сигурност ще им отговори, когато хората изпитат себе си и се покаят за всичко, което не е правилно в Божиите очи, продължават да се молят, гледат към Единствения, който във всичко действа за доброто на онези, които Го обичат и винаги са радостни.

3. Духът е бодър, а тялото – немощно

Вечерта преди да поеме кръста, Исус отишъл със Своите ученици до едно място, наречено Гетсиманската градина и се борил в молитва. Когато намерил учениците Си заспали, Исус съжалил и казал: *„Духът е бодър, а тялото – немощно"* (Матей 26:41).

В Библията има такива термини като „плът", „нещата на плътта" и „делата на плътта." От друга страна, „плътта" е противоположността на „духа" и обикновено се отнася до всичко, което е порочно и променливо. Отнася се до всяко творение, включително човека преди да бъде трансформиран чрез истината, растенията, всички животни и т.н. „Духът" от друга страна се отнася до нещата, които са вечни, истински и постоянни.

Всички мъже и жени се раждат с вродена греховна природа след неподчинението на Адам и това е първичният грях. „Извършените спрямо нас" грехове са порочни дела, направени чрез примамването на врага-дявол. Човекът става „плът", когато порокът опетнява тялото му и тялото се обединява с греховната природа. В Римляни 9:8 е записано „деца на плътта." Стихът гласи: *„Значи, не децата, родени по плът, са Божии деца; а децата, родени според обещанието, се смятат за потомство."* Римляни 13:14 ни предупреждава: *„Но се облечете с Господ Исус Христос и не се грижете за плътта, за да угаждате на нейните страсти."*

Освен това *„нещата на плътта"* са комбинация от различни греховни качества като измама, завист, ревност и омраза (Римляни 8:5-8). Все още не са намерили физически израз, но могат да бъдат предизвикани в действие. Когато тези желания са реализирани, те се определят като *„Делата* *на плътта"* (Галатяни 5:19-21).

Какво искал да каже Исус с израза „плътта е слаба"? Имал ли е предвид физическото състояние на Неговите ученици? Като бивши рибари, Петър, Яков и Йоан били в разцвета на силите си и се намирали в отлично здраве. Това не било много трудно за хора, които прекарвали многобройни нощи в риболов и стояли будни по няколко часа през нощта. Въпреки това, дори и след като Исус им казал до стоят там и да бдят с Него, тримата ученици не били в състояние да се молят и заспали. Имали възможност да отидат в Гетсиманската градина да се молят с Исус, но това желание се таяло само в сърцата им. С изразът, че плътта им е „слаба", Исус имал предвид, че и тримата не били в състояние да преодолеят потребността на плътта, която ги карала да заспят и да почиват.

Петър, който бил един от любимите ученици на Исус, не бил способен да се моли, защото плътта му била слаба, макар и да имал силен дух и три пъти отрекъл да познава Исус, когато го заловили и животът му се намирал в опасност. Това се случило преди възкресението и възнесението на Исус на небето и Петър бил обзет от голям страх, защото не притежавал Светия дух. След приемането на Светия дух, Петър съживил мъртвите, представил удивителни чудеса и знамения и добил достатъчно смелост, за да бъде разпънат на кръст надолу с главата. Никъде нямало признаци за слабостта на Петър, когато се превърнал в смел апостол на Божията сила и не се страхувал от смъртта. Това било, защото Исус пролял Своята ценна, чиста и непорочна кръв и ни изкупил от греховете, бедността и слабостите. Ще се радваме на добро здраве телом и духом, ще можем да направим това, което не е според човешките способности и всичко ще бъде възможно за нас ако живеем с вяра и в подчинение на Божието слово.

Някои грешници не се разкайват за греховете, бързо казват: „Плътта е слаба" и считат за естествено да съгрешават. Такива хора произнасят подобни думи, защото не познават истината. Представете си, че бащата дал на сина си $1,000. Колко жалко би било ако синът сложи парите в джоба си и му отговори: „Нямам никакви пари, нито един цент"? Колко отчайващо би било за бащата ако синът му – все още с $1,000 в джоба – умира от глад без да си купи храна? Следователно, за онези от нас, които сме приели Светия дух, изразът „плътта е слаба" е оксиморон.

Виждал съм много хора, които имаха навика да си лягат в десет часа вечерта и сега посещават „Петъчната вечерна служба", на която се молят и получават помощта на Светия дух. Те не чувстват умора или сънливост и отдават всяка петъчна нощ на Бога в пълнотата на Светия дух. Това е защото в пълнотата на Светия дух, духовните очи на хората стават бдителни, сърцата им са изпълнени с радост, не изпитват умора и усещат телата си по-леки.

Живеем в епохата на Светия дух и никога не трябва да преставаме да се молим или да съгрешаваме, защото „плътта е слаба." Вместо това, като бъдем бдителни и се молим непрекъснато, ние трябва да получим помощта на Светия дух и да отхвърлим всички неща и дела на плътта и други подобни и ревностно да живеем в Христос като спазваме винаги Божията воля за нас.

4. Благословии за хората, които са трезвени, будни и се молят

1 Петрово 5:8-9 гласи: *„Бъдете трезвени, будни. Противникът ви, дяволът, обикаля като ревящ лъв, като търси кого да погълне. Съпротивете му се, като стоите твърди във вярата, като знаете, че същите страдания се понасят и от братята ви по целия свят."* Сатаната и дяволът, управителят на въздушното царство, подстрекават вярващите в Бога да се отклонят от правия път и винаги правят всичко възможно да отнемат вярата на хората.

Първо ще се опитаме да разклатим дървото ако искаме да го изкореним. Ще се откажем и ще опитаме да разклатим друго дърво ако дънерът е много голям и дебел и дървото е вкоренено прекалено дълбоко в земята. Ще станем още по-упорити и дори ще разклатим дървото по-силно ако се окаже, че второто дърво може да бъде изкоренено по-лесно от първото. По същия начин, врагът дявол, който се опитва да ни подлъже, ще се откаже ако останем твърди. Врагът дявол ще продължи да ни изкушава докато ни събори при най-малкото колебание.

Трябва да се борим в молитва и да получим сила, отдадена ни от Бога, за да разберем и да унищожим плановете на врага дявол и да вървим в светлината като спазваме Божието слово. Исус, единият и единствен Син на Бога, успял да постигне всичко според Божията воля заради силата на молитвата. Преди да започне Своето духовенство, Исус подготвил Себе Си като постил четиридесет дни и четиридесет нощи и представил удивителни дела на Божията сила по време на Своето три-годишно духовенство като се молил редовно и постоянно. В края на Своето духовенство, Исус успял да унищожи властта на смъртта и да победи чрез възкресението, защото се борил в молитвата Си в Гетсиманската градина. Ето защо нашият Господ ни призовава: *„Постоянствайте в молитва и бдете в нея с благодарение"* (Колосяни 4:2) и „А краят на всичко е наближил; и така, живейте разумно и трезвено, за да се предавате на молитва" (1 Петрово 4:7). Той също ни учи да се молим: *„И не ни въвеждай в изкушение, но избави ни от лукавия"* (Матей 6:13). Изключително важно е да избягваме изкушенията. Падането в изкушение означава, че не сте го преодолели, станали сте слаби и сте намалили вярата си – нищо от това не се харесва на Бога.

Светият дух ни учи да вървим по правия път и ние се противопоставяме и отхвърляме греховете, когато сме трезвени и бдителни. Освен това, колкото повече преуспява душата ни, сърцето ни ще наподобява сърцето на нашия Господ, всичко в живота ни ще върви добре и ще получим благословията за добро здраве.

Молитвата е ключът към успеха във всичко в живота ни и получаването на благословии за добро здраве телом и духом. В 1 Йоаново 5:18 е обещано: *„Знаем, че всеки, който е роден от Бога, не съгрешава; но онзи, който се е родил от Бога, пази себе си и лукавият не се докосва до него."* Ето защо, ще бъдем в безопасност от врага дявол, когато сме бдителни, молим се и вървим в светлината и дори и да попаднем в изкушение, Бог ще ни представи начини да го избегнем и във всичко ще действа за доброто на онези от вас, които Го обичат.

Бог казва да се молим непрекъснато и затова трябва да станем Негови благословени деца, да живеем в Исус, да бдим, да прогонваме врага-дявол и да получаваме всичко, с което Бог се опитва да ни благослови.

В 1 Солунци 5:23 четем: *„А сам Бог на мира да ви*

освети напълно; и дано се запазят непокътнати духът, душата и тялото ви без порок до пришествието на нашия Господ Исус Христос."

Нека всеки от вас да получи помощта на Светия дух като бдите и се молите редовно, да притежавате непорочно и чисто сърце като дете на Бога като отхвърлите всички греховни натури във вас и обрежете сърцето си чрез Светия дух, радвате се на властта като Негово дете, чиято душа преуспява, всичко в живота ви е успешно, получавате благословиите за добро здраве и възхвалявате Бога във всичко, което правите, моля се в името на нашия Господ Исус Христос!

Глава 5

Молитвата на праведния човек

„И така, изповядайте един на друг греховете си
и се молете един за друг, за да оздравеете.
Голяма сила има усърдната молитва на праведния човек.
Илия беше човек със същото естество като нас;
и се помоли усърдно да не вали дъжд,
и не валя дъжд на земята три години и шест месеца;
и пак се помоли и небето даде дъжд,
и земята произведе плода си."

Яков 5:16-18

1. Молитва с вяра, която лекува болните

Когато погледнем назад в живота си, има времена, когато сме се молили сред страдания и периоди, когато сме хвалили и сме тържествали след получаване на Божиите отговори. Има периоди, когато сме се молили с другите за изцелението на нашите любими хора и времена, когато възхваляваме Бога след като сме постигнали чрез молитва това, което е непосилно за хората.

В Евреи 11 се говори много за вярата. Стих 1 напомня: *„А без вяра не е възможно да се угоди на Бога, защото който идва при Бога, трябва да вярва, че има Бог и че Той възнаграждава тези, които Го търсят"* (Стих 6).

Вярата най-общо се разделя на „физическа" и „духовна" вяра. От една страна, чрез физическата вяра можем да вярваме в Божието слово, само когато Словото е в унисон с мислите ни. Тази физическа вяра не води до никакви промени в живота ни. От друга страна, чрез духовната вяра можем да вярваме в силата на живия Бог и Неговото Слово такова, каквото е, дори и да не е в съответствие с нашето мнение и теории. Когато вярваме в делото на Бога, който създава неща от нищото, ние изпитваме осезаеми промени в живота ни, както и Неговите удивителни чудеса и знамения и започваме да вярваме, че всичко наистина е възможно за онези, които вярват.

Ето защо Исус е казал: *„И тези знамения ще придружават повярвалите: в Мое име бесове ще изгонват; нови езици ще говорят; змии ще хващат; а ако изпият нещо смъртоносно, то никак няма да ги повреди; на болни ще полагат ръце и те ще оздравяват"* (Марко 16:17-18), *„Всичко е възможно за този, който вярва"* (Марко 9:23) и *„Затова ви казвам: Всичко, каквото поискате в молитва, вярвайте, че сте го получили, и ще ви се сбъдне"* (Марко 11:24).

Как можем да притежаваме духовна вяра и да изпитаме лично великата сила на Бога? Преди всичко останало трябва да помним казаното в 2 Коринтяни 10:5 от апостол Павел: *„Понеже събаряме помисли и всичко, което се издига високо против познанието на Бога, и пленяваме всеки разум да се покорява на Христос."* Не трябва повече да считаме за истина знанието, което сме натрупали до този момент. Вместо това, трябва да разрушим всяка мисъл и теория, които са в противоречие с Божието слово, да бъдем покорни на Божието слово, което е истината и да живеем според него. Душата ни ще преуспява и ще притежаваме духовна вяра, с която да вярваме според степента, в която премахваме плътските мисли и отхвърляме неистината от себе си.

Духовната вяра е мярката на вярата, която Бог е дал на всеки от нас (Римляни 12:3). Нашата вяра е толкова малка, колкото семето на горчицата след като за първи път сме чули евангелието и сме приели Исус Христос. Ние ставаме по-праведни, когато продължаваме съвестно да посещаваме молитвени служби, да слушаме Божието слово и да живеем според него. Знаменията, които придружават вярващите, със сигурност ще придружат и нас с нарастване на вярата ни.

Молитвата за изцеление на болните трябва да съдържа духовната вяра на онези, които се молят. Стотникът, представен в Матей 8, чийто слуга бил парализиран и страдал много, вярвал, че щял да се излекува чрез словото на Исус и заради тази вяра слугата му бил излекуван в същия час (Матей 8:5-13).

Трябва да бъдем смели във вярата ни и да не се съмняваме, когато се молим за болните, както гласи Божието слово: *„Но да проси с вяра, без да се съмнява ни най-малко; защото който се съмнява, прилича на морски вълни, които се тласкат и блъскат от ветровете. Такъв човек да не мисли, че ще получи нещо от Господа"* (Яков 1:6-7).

Бог е доволен от силната и стабилна вяра, която не се олюлява напред-назад и делото на Бог е още по-велико, когато се обединяваме с любов и се молим за болните с вяра. Тъй като болестта е резултат от греха и Бог е Господ, нашият Лечител (Изход 15:26), Бог ни прощава и изцелява, когато изповядаме греховете си и се молим един за друг.

Ще изпитате великото дело на Бога, ще свидетелствате за любовта на нашия Господ и ще Го почитате, когато се молите с духовна вяра и в духовна любов.

2. Молитвата на праведния човек е могъща и ефективна

Според речника *Мириам-Уебстър*, праведният човек е някой, който „действа в съответствие с обществения или морален закон; свободен от вина или грях." При все това, Римляни 3:10 гласи, че: „*Няма праведен нито един*" и Бог казал: „*Защото не слушателите на закона са праведни пред Бога; но изпълнителите на закона ще бъдат оправдани*" (Римляни 2:13) и „*Защото нито едно създание няма да се оправдае пред Него чрез дела, изисквани от закона, понеже чрез закона става само познаването на греха*" (Римляни 3:20).

Грехът дошъл на света чрез неподчинението на Адам, първият човек на земята и безкраен брой хора били осъдени чрез човешкия грях (Римляни 5:12, 18). Божията правда се явила за всички, които вярвали в Исус Христос, понеже всички съгрешили и не заслужавали да се прославят от Бога (Римляни 3:21-23).

„Правдата" на този свят се променя според ценностите на всяко поколение и не може да бъде истински стандарт за непорочност. Въпреки това, Бог никога не се променя и Неговата правда може да бъде образец за истинска праведност.

Римляни 3:28 гласи: *"И така, ние заключаваме, че човек се оправдава чрез вяра, без делата на закона."* При все това, ние не отменяме закона чрез вярата ни, а го утвърждаваме (Римляни 3:31).

Ще пожънем плодовете от постигането на святост чрез освобождаване от греховете и превръщането ни в роби на Бога ако бъдем оправдани чрез вярата. Трябва да се стремим да станем напълно праведни чрез отхвърляне на всички пороци, които противоречат на Божието слово и да живеем според Словото Му, самата истина.

Бог обявява за "праведни" хората, чиято вяра е придружена от дела и които се борят да живеят според Словото Му всеки ден и представя Неговото дело в отговор на молитвите им. Как може Бог да отговори на някого, който посещава църква, но е изградил стена от грях между себе си и Бога чрез неподчинение на своите родители, недоразумения с братята си и извършване на грехове?

Бог прави молитвата на праведния човек силна и ефективна – на този, който се подчинява и живее според Божието слово и представя с него доказателство за своята любов към Бога.

В Лука 18:1-18 е представена Притчата за неправедния съдия. В нея се разказва за една вдовица и за случаят, който представила на съдията, който не се страхувал от Бога и не уважавал хората. Съдията не се страхувал от Бога и не се интересувал особено много от хората, но накрая помогнал на вдовицата и казал: *„Въпреки че не се боя от Бога и човеците не зачитам, пак, понеже тази вдовица ми досажда, ще ѝ отдам правото, за да не ми дотяга с непрестанните си идвания"* (Стихове 4-5).

В края на тази притча, Исус попитал: *„А Бог няма ли да отдаде правото на Своите избрани, които викат към Него ден и нощ, ако и да се бави спрямо тях? Казвам ви, че ще им отдаде правото скоро. Обаче, когато дойде Човешкият Син, ще намери ли вяра на земята?"* (Лука 18:7-8)

Много хора около нас претендират, че са Божии деца, молят се денем и нощем и постят често, но въпреки това не получават Неговите отговори. Такива хора трябва да разберат, че все още не са станали праведни в очите на Бога.

Филипяни 4:6-7 гласи: *„Не се безпокойте за нищо, но във всяко нещо с молитва и молба изказвайте прошенията си на Бога с благодарение; и Божият мир, който никой ум не може да схване, ще пази сърцата ви и мислите ви в Христос Исус."* В зависимост от степента, в която човек е станал „праведен" в очите на Бога и се моли с вяра и с любов, ще варира степента, в която ще получи отговори от Бога. След като отговаря на изискванията за праведен човек и се моли, той може бързо да получи Божиите отговори и да Го възхвалява. Ето защо е от първостепенно значение за хората да съборят стената от грях, която стои между тях и Бога, да добият качествата, за да бъдат обявени като „праведни" в Божиите очи и ревностно да се молят с вяра и с любов.

3. Дар и сила

„Дарове" са Неговите подаръци, който Бог дава безплатно и се отнасят за специални дела на Бога в Неговата любов. Колкото повече човек се моли, толкова повече ще желае и ще иска Божиите дарове. Въпреки това, понякога може да помоли Бог за подарък според измамните си желания. Това ще му причини разрушение и човек трябва да внимава, защото не е праведно според Бога.

В Деяния 8 е представен магьосник на име Симон, който чул евангелието от Филип, следвал го навсякъде и бил удивен от големите чудеса и знамения, които видял (Стихове 9-13). Когато Симон видял, че Светият дух се давал чрез полагането на ръце на Петър и Йоан, той предложил пари на апостолите и ги помолил: *„Дайте и на* мене тази сила, така че на когото положа ръце, да приема Святия Дух" (Стихове 17-19). В отговор, Петър упрекнал Симон: *„Парите ти да погинат заедно с тебе, защото си помислил да придобиеш Божия дар с пари. Ти нямаш нито участие, нито дял в тази работа, защото сърцето ти не е право пред Бога. Затова покай се от това твое нечестие и моли се на Господа дано ти се прости този помисъл на сърцето ти; понеже виждам, че си изпълнен с горчива жлъч и си вързан в неправда"* (Стихове 20-23).

Даровете се отдават на онези, които представят живия Бог и спасяват човечеството, затова трябва да бъдат показани под контрола на Светия дух. Ето защо, първо трябва да се стремим да станем праведни в очите на Бога, преди да Го молим за Неговите дарове.

Той ни позволява да молим за дарове с вдъхновението на Светия дух и ни дава тези, за които се молим, след като душата ни е преуспяла и ние сме се превърнали в инструмент, който Бог да използва.

Знаем, че всички праотци на вярата са използвани за различни цели. Някои тържествено са представяли Божията сила, други само са проповядвали без да я представят, а трети само са обучавали хората. Колкото повече притежавали съвършена вяра и любов, толкова по-голяма сила им давал Бог и им позволявал да представят по-велики дела.

Моисей притежавал толкова горещ и прибързан нрав, когато живял като принц на Египет, че убил мигновено египтянина, който се отнасял лошо с израелтяните (Изход 2:12). Въпреки това, след множество изпитания Моисей станал много скромен човек, по-скромен от всекиго на земята и получил голяма сила. Той извел израелтяните от Египет чрез представяне на различни чудеса и знамения (Числа 12:3).

Знаем също молитвата на пророк Илия, записана в Яков 5:17-18: *„Илия беше човек със същото естество като нас; и се помоли усърдно да не вали дъжд, и не валя дъжд на земята три години и шест месеца; и пак се помоли и небето даде дъжд, и земята произведе плода си."*

Както виждаме и както гласи Библията, молитвата на праведния човек е мощна и ефективна. Праведният човек има забележителна сила и мощ. Така, както има молитва, с която хората не са в състояние да получат Божиите отговори дори и след много часове на молитва, има също молитва с голяма сила, която предизвиква Неговите отговори и представяне на силата Му. Бог е доволен, когато получава молитва с вяра, любов и пожертвование и позволява на хората да Го възхваляват чрез различни дарове и сила, които им дава.

Въпреки това, ние не сме били непорочни от началото и

едва след приемането на Исус Христос сме станали праведни чрез вярата. Ставаме праведни, когато внимаваме за греха като слушаме словото Му, отхвърляме неистината и правим така, че душата ни да преуспява. Тъй като ставаме все по-праведни като живеем и вървим в светлината и в правдата, всеки ден от нашия живот трябва да бъде променен от Бога, за да можем и ние да признаем като апостол Павел: *„Аз всеки ден умирам"* (1 Коринтяни 15:31).

Призовавам всеки от вас да погледне назад в живота си и да види дали няма стена между вас и Бога и ако има, да я събори веднага без да се бави.

Нека всеки от вас да се подчинява чрез вярата, да се пожертва в любов и да се моли като праведен човек, за да бъдете обявени за праведни, да получите Неговите благословии във всичко, което правите и да възхвалявате Бога безрезервно, моля се в името на нашия Господ!

Глава 6

Ако двама от вас се съгласят на земята

„Пак ви казвам,
че ако двама от вас се съгласят на земята
за каквото и да било нещо,
което да поискат, ще им бъде дадено от Моя Отец,
Който е на небесата.
Защото, където двама или трима са събрани в Мое име,
там съм и Аз посред тях."

Матей 18:19-20

1. Бог е доволен да приеме задружна молитва

Една корейска притча гласи: "По-добре е да вдигнем заедно дори и лист хартия." Вместо да се изолираме и да се опитваме всичко да правим сами, тази древна поговорка ни учи, че ще има по-голяма ефективност и по-добър резултат, когато двама или повече души работят заедно. Християнството, което обръща внимание на любовта към съседите и църковната общност, трябва също да дава добър пример в това отношение.

Еклесиаст 4:9-12 гласи: *"По-добре са двама, отколкото един, понеже те имат добра награда за труда си; защото ако паднат, единият ще вдигне другаря си; но горко на онзи, който е сам, когато падне, и няма друг да го вдигне. И ако легнат двама заедно, ще се стоплят; а един как ще се стопли сам? И ако някой надвие срещу един, който е сам, двама ще устоят насреща му; и тройното въже не се къса бързо."* Тези стихове ни учат, че хората могат да постигнат голяма сила и радост, когато се обединяват и си сътрудничат.

В същия смисъл, Матей 18:19-20 ни казва колко е важно за вярващите да се съберат и да се молят заедно. Има "индивидуална молитва", чрез която хората се молят за своите собствени проблеми на лична основа или се молят докато медитират върху Словото, когато са спокойни и "задружна молитва", с която голям брой хора се събират, за да се молят на Бога.

Както Исус ни казва: „ако двама от вас се съгласят на земята" и „където двама или трима са събрани в Мое име", задружната молитва се отнася за молитвата на много хора с едно съзнание. Бог ни казва, че е доволен да приеме задружна молитва и ни обещава да направи всичко, за което Го молим и да присъства, когато двама или трима души се съберат заедно в името на нашия Господ.

Как можем да възхваляваме Бога с отговори, които получаваме от Него чрез задружна молитва в дома, в църквата и в нашата група или килия? Нека разгледаме значението и методите за задружна молитва и да използваме силата й, за да получим от Бог всичко, когато се молим за Неговото царство, правда и църква и много Го почитаме.

2. Значението на задружната молитва

В първия от стиховете, на които се основава тази Глава, Исус ни казва: *„Пак ви казвам, че ако двама от вас се съгласят на земята за каквото и да било нещо, което да поискат, ще им бъде дадено от Моя Отец, Който е на небесата"* (Матей 18:19). Тук намираме нещо особено. Вместо да каже „един човек", „трима души" или „двама или повече души", защо Исус изрично казва: „че ако двама от вас се съгласят на земята за каквото и да било нещо" и поставя ударението на „двама" души?

„Двама от вас" тук се отнася за всеки от нас „Аз" и останалите хора. С други думи, „двама от вас" може да се отнася за един човек, за десет души, за сто човека или за хиляда души в допълнение към нас.

Какво е духовното значение на „двама от вас"? Ние притежаваме нашето собствено „аз" и в нас обитава Светият дух с Негова собствена природа. Както Римляни 8:26 гласи: *„Така също и Духът ни помага в нашата немощ – понеже не знаем да се молим както трябва; но самият Дух ходатайства в нашитенеизговорими стенания."* Светият дух, който сам се застъпва за нас, прави нашето сърце храм, в който да обитава.

Ние получаваме властта, на която имаме право като Божии деца, когато за първи път Му повярваме и приемем Исус Христос като наш Спасител. Светият дух идва и съживява духа ни, който е мъртъв заради нашия първичен грях. Следователно, във всяко Божие дете има собствено сърце и Светият дух го обитава с Негова собствена природа.

„Двама души на земята" означава молитвата на нашето собствено сърце и молитвата на нашия дух, която представлява намесата на Светия дух (1 Коринтяни 14:15; Римляни 8:26). Изразът „че ако двама от вас се съгласят на земята за каквото и да било нещо" означава, че тези две молитви са отправени задружно към Бога. Когато Светият дух се присъедини към един човек в молитвата му или двама или повече души в тяхната молитва, това означава „двама от вас" на земята да се разберете за всичко, което искате.

Като запомним значението на задружната молитва, трябва да почувстваме изпълнението на Божието обещание: „*Пак ви казвам, че ако двама от вас се съгласят на земята за каквото и да било нещо, което да поискат, ще им бъде дадено от Моя Отец, Който е на небесата*" (Матей 18:19).

3. Методи за задружна молитва

Бог е доволен да приеме задружна молитва, дава бързи отговори на подобна молитва и представя Неговото велико дело, защото хората Му се молят с едно сърце.

Със сигурност ще бъде източник на всеизпълваща радост, мир и безкрайна слава за Бога ако Светият дух и всеки от нас се моли с едно сърце. Ще бъдем способни да получим „огнен отговор" и безрезервно да свидетелстваме за живия Бог. Постигането на „едно сърце" не е лесна задача и има голямо значение.

Представете си, че един слуга има двама господари. Няма ли да бъде раздвоена неговата лоялност и преданост?

Проблемът става по-сериозен ако двамата господари на слугата притежават различни характери и вкусове.

Представете си отново два души, които се събират, за да планират заедно едно събитие. Безопасно е да заключим, че нещата не вървят много добре ако не мислят еднакво и мненията им се различават по основни въпроси. Плановете им привидно ще изглеждат добре, но резултатът не би могъл да бъде по-очевиден ако те са свършили своята работа с различни цели в сърцата си. Следователно, способността да имаме едно сърце, независимо дали се молим сами, с друг човек или с двама или с повече хора е ключът към получаване на Божия отговор.

Как можем да изпитваме едно сърце в молитвата?

Хората, които се молят задружно, трябва да се молят с вдъхновението на Светия дух, да бъдат взети като пленници от Светия дух, да станат едно с Него и да се молят в Него (Ефесяни 6:18). Светият дух носи със Себе Си Божия разум, Той издирва всички неща, дори и Божиите дълбочини (1 Коринтяни 2:10) и ходатайства за нас според Божията воля (Римляни 8:27). Бог е доволен да приеме молитвата ни, дава ни всичко, което искаме и дори отговаря на желанията на сърцата ни, когато се молим по начина, по който Светият дух ръководи разума ни.

Трябва да вярваме в Божието слово без съмнение, да спазваме истината, винаги да бъдем радостни, да се молим непрекъснато и да благодарим при всякакви обстоятелства, за да се молим в пълнотата на Светия дух. Трябва също да извикаме на Бога от все сърце. Бог е доволен и ни дава радост чрез Светия дух, когато покажем на Бога вяра, която е изпълнена с дела и се борим в молитвата. Това означава да бъдеш „изпълнен" и „вдъхновен" от Светия дух.

Някои нови вярващи или онези, които не се молят редовно все още не са получили силата на молитвата и затова считат задружната молитва за изморителна и трудна. Ако такива индивиди опитат да се молят за един час, те ще се стремят да засегнат всички теми, но дори и по този начин няма да са способни да се молят в продължение на цял час. Ще се чувстват отегчени и изтощени, ще очакват с нетърпение времето да мине по-бързо и накрая просто ще бърборят в молитвата. Това е „молитва на душата", на която Бог не може да отговори.

За много хора молитвата им все още е молитва на душата, дори и да са посещавали църква повече от десет години. Повечето хора, които се оплакват или са обезсърчени заради липсата на Божиите отговори, не могат да ги получат, защото се молят с молитва на душата. Това не означава, че Бог е обърнал гръб на молитвата им. Бог чува тяхната молитва, но не може да им отговори.

Някой може да попита: „Означава ли това, че е безсмислено да се молим след като не го правим с вдъхновението на Светия дух?" Това също не е причината. Дори и да се молят само с мислите си, вратите на молитвата ще се отворят, ще получат силата на молитвата и ще се молят с дух, когато ревностно викат Бога. Вратите й не могат да се отворят без молитва. Бог слуша дори молитвата на душата и вие ще се обедините със Светия дух, ще започнете да се молите с вдъхновението Му и ще получите отговори, за които сте се молили в миналото, когато вратите се отворят.

Представете си, че един баща не е доволен от сина си, който не го радвал с делата си и не можел да получи нищо, което искал от него. Въпреки това, един ден започнал да го удовлетворява с делата си и бащата започнал да открива сина си след собственото си сърце. Как щял сега да се отнася към него? Не забравяйте, че техните отношения вече не били същите като в миналото. Бащата имал желание да даде на сина си всичко, което последният искал и синът му получил дори и нещата, които пожелал в миналото.

По същия начин, дори и молитвата да е от мислите ни, ние ще получим силата на молитвата и ще започнем да се молим по начин, който удовлетворява Бога, когато вратите на молитвата се отворят за нас. Ще получим дори и нещата, за които сме се молили на Бог в миналото и ще осъзнаем, че Той не е пренебрегнал дори и най-дребния детайл от молитвата ни.

Освен това, когато се молим с дух в пълнотата на Светия дух, няма да се отегчим, да станем сънливи или да се поддадем на светски мисли, а ще се молим с вяра и радост. По този начин дори и малка група хора могат да се молят заедно, защото се молят с дух и любов с едно съзнание и с една воля.

Вторият стих, на който се основава тази глава, гласи: *„Защото, където двама или трима са събрани в Мое име, там съм и Аз посред тях"* (Матей 18:20). Божиите деца, които са приели Светия дух, в действителност се молят задружно и нашият Господ със сигурност ще бъде при тях, когато се събират заедно, за да се молят в името на Исус Христос. С други думи, нашият Господ ще види съзнанието на всеки човек, ще ги обедини чрез Светия дух и ще ги поведе да имат общо съзнание, за да може молитвата им да Го удовлетвори, когато хората, които са приели Светия дух, се събират и се молят задружно.

Въпреки това, ако индивидите в една група не са задружни и с едно сърце, те не могат да се молят заедно като едно цяло или от сърце, дори и да имат обща цел, защото сърцето на един участник не е в унисон със сърцата на останалите в групата. Ако сърцата на присъстващите хора не могат да бъдат обединени в едно, ръководителят трябва да отдели време за възхвала и разкаяние, за да може сърцата на присъстващите да се обединят в едно със Светия дух.

Нашият Господ ще съпровожда молещите се хора, когато станат едно със Светия дух, защото Той вижда и ръководи сърцата на всички хора. Господ не може да бъде с хората, когато молитвата им не е задружна.

Когато хората станат едно със Светия дух и се молят задружно, всеки ще се моли от сърце, ще се изпълни със Светия дух, ще се поти с тялото си и ще бъде сигурен в Божиите отговори, за които се моли, сякаш ги обхваща изблик на висша радост. Нашият Господ ще бъде с хората, които се молят по този начин и това е молитвата, която Го удовлетворява.

Като се молите задружно в пълнотата на Светия дух и от сърце, надявам се всеки от вас да получи всичко, което поиска и да възхвалявате Бога, когато се събирате с други хора от вашата килия, група, от дома или от църквата.

Великата сила на задружната молитва

Хората получават по-бързи отговори от Бога и Той представя по-бързо делата Си при задружната молитва. Има голяма разлика между тридесет-минутната молитва на един човек с едно искане и тридесет-минутната молитва на десет души със същата молба. Хората ще изпитат неоспоримата демонстрация на Божието дело и великата сила на молитвата ако се молят заедно и Бог го приема с радост.

В Деяния 1:12-15 откриваме, че след възкресението и

възнесението на нашия Господ на небето, една група хора, включително учениците Му, се събрали заедно и се молили непрекъснато. Броят на хората в тази група бил около сто и двадесет. В искрената си надежда да получат Светия дух, който Исус им обещал, тези хора се събрали, за да се молят заедно до деня на Петдесетницата.

> *„И когато настана денят на Петдесетницата, те всички бяха на едно място. И внезапно стана шум от небето като фученето на силен вятър и изпълни цялата къща, където седяха. И им се явиха езици като огнени, които се разделяха, и застана по един над всеки от тях. И те всички се изпълниха със Святия Дух и почнаха да говорят на други езици, според както Духът им даваше способност да говорят"* (Деяния 2:1-4).

Колко удивително е това дело на Бога? Докато те се молили заедно, всеки един от сто и двадесетте присъстващи, получил Светия дух и започнал да говори на други езици. Апостолите също получили голяма сила от Бога, така че броят на хората, които приели Исус Христос чрез посланието на Петър и били покръстени достигнал почти три хиляди (Деяния 2:41). Чрез апостолите били представени всякакви видове чудеса и удивителни знамения, броят на вярващите нараствал всеки ден и животът им също се променял (Деяния 2:43-47).

„А те, като гледаха дързостта на Петър и Йоан и вече бяха забелязали, че са неуки и обикновени хора, се чудеха; и познаха, че са били с Исус. А като видяха изцеления човек, който стоеше с тях, нямаха какво да противоречат." (Деяния 4:13-14).

„И чрез ръцете на апостолите ставаха много знамения и чудеса между народа (и те всички бяха заедно в Соломоновия притвор; а от другите никой не смееше да се присъедини към тях; народът обаче ги величаеше; и още по-голямо множество повярвали в Господа мъже и жени се присъединяваха), така че даже изнасяха болните по улиците и ги слагаха на постелки и на легла, така че когато минава Петър, поне сянката му да засегне някого от тях. Събираше се още и множество от градовете около Йерусалим, които носеха болни и измъчваните от нечисти духове; и всички се изцеляваха." (Деяния 5:12-16).

Силата на задружната молитва позволила на апостолите смело да проповядват Словото, да лекуват слепите, сакатите и слабите, да съживяват мъртвите, да лекуват всякакви болести и да прогонват злите духове.

Следва една случка с Петър, който бил хвърлен в тъмница по време на царството на Ирод (Агрипа I), белязано основно с преследване на Християнството. В Деяния 12:5 четем: *„И така, те пазеха Петър в тъмницата; а църквата принасяше пред Бога усърдна молитва за него."* Църквата се молила задружно за Петър, докато спял, окован с две вериги. Бог чул църковната молитва и изпратил ангел, за да го спаси.

Вечерта преди Ирод да изведе Петър в съда, апостолът бил окован с две вериги и спял между двама войници докато стражари охранявали вратата на тъмницата (Деяния 12:6). Бог представил силата Си като го освободил от веригите и желязната порта на тъмницата сама се отворила (Деяния 12:7-10). При своето пристигане в къщата на Мария, майката на Йоан, когото наричали също Марк, Петър намерил много хора, които били събрани заедно и се молили за него (Деяния 12:12). Това удивително дело било резултат от силата на задружната църковна молитва.

Всичко, което църквата направила за затворения Петър било да се моли задружно. По същия начин, когато бедата сполетява църквата или болестта покорява вярващите, вместо да бъдат обзети от човешки мисли и начини да се притесняват или тревожат, Божиите деца първо трябва да вярват, че Бог ще разреши всичките им проблеми, да мислят еднакво и да се молят заедно.

Бог проявява голям интерес към задружната молитва на църквата, доволен е от нея и отговаря с удивителните Си дела. Можете ли да си представите колко доволен ще бъде Бог да види децата Си да се молят заедно за Неговото царство и правда?

Хората ще изпитат великото дело на Бога ако са изпълнени със Светия дух и се молят с духа си, когато се събират, за да се молят заедно. Ще получат сила, за да живеят според Божието слово, ще свидетелстват за живия Бог, както са правили първите църкви и апостоли, ще увеличават Божието царство и ще получат всичко, което искат.

Не забравяйте, че нашият Бог е обещал да ни отговори, когато искаме и се молим задружно. Нека всеки от вас да разбере добре значението на задружната молитва и ревностно да срещне онези, които се молят в името на Исус Христос, за да можете лично да изпитате великата сила на задружната молитва и да станете ценен служител, който свидетелства за живия Бог, моля се в името на Господ!

Глава 7

Винаги се молете
и не се отказвайте

„Каза им една притча как трябва всякога да
се молят и да не отслабват:

В един град имаше един съдия, който от Бога не се боеше
и човека не зачиташе. В същия град имаше и една вдовица,
която идваше при него и му казваше:
Отдай ми правото спрямо противника ми.
Но той за известно време не искаше. А после си каза:
Въпреки че не се боя от Бога и човеците не зачитам,
пак, понеже тази вдовица ми досажда, ще й отдам правото,
за да не ми дотяга с непрестанните си идвания.
И Господ каза: Слушайте какво каза неправедният съдия!

А Бог няма ли да отдаде правото на Своите избрани,
които викат към Него ден и нощ,
ако и да се бави спрямо тях? Казвам ви,
че ще им отдаде правото скоро.
Обаче, когато дойде Човешкият Син,
ще намери ли вяра на земята?"

Лука 18:1-8

1. Притчата за неправедния съдия

Когато Исус проповядвал Божието слово на тълпите, Той не им говорил без притчи (Марко 4:33-34). „Притчата за неправедния съдия", на която се основава тази Глава, показва значението на настойчивата молитва, как трябва да се молим винаги и как не трябва да се отказваме.

Колко упорито се молите, за да получите Божиите отговори? Почивате ли си от молитвите или се отказвате, защото Бог още не ви е отговорил?

В живота има безкрайно много малки и големи проблеми и въпроси. Когато покръстваме хората и им казваме за живия Бог, някои от тях, които търсят Бога, започват да посещават църквата, за да разрешат проблемите си, а други идват просто, за да утешат сърцата си.

Независимо от причините, заради които хората започват да посещават църквата, когато почитат Бога и приемат Исус Христос, те научават, че като Божии деца, могат да получат всичко, което искат и да станат хора на молитвата.

По този начин, всички деца на Бога трябва да научат чрез Словото Му каква е молитвата, която Му харесва, да се молят в съответствие с важните характеристики на молитвата и да притежават вяра, за да настояват и да се молят докато получат плодовете на Божиите отговори. Ето защо хората с вяра познават значението на молитвата и редовно се молят. Те не извършват греха на пропускане на молитвата, дори и да не получават веднага отговор и се молят още по-страстно вместо да се отказват.

Само с такава вяра хората могат да получат Божиите отговори и да Го възхваляват. Трудно е да се намерят хора с такава голяма вяра, макар и мнозина да твърдят, че са вярващи. Ето защо нашият Господ се оплаква и казва: *„Обаче, когато дойде Човешкият Син, ще намери ли вяра на земята?"* (Лука 18:1-8)

В един град имало неморален съдия, посещаван непрекъснато от упорита вдовица, която го молила: *„Отдай ми правото спрямо противника ми."* Порочният съдия очаквал подкуп, но бедната вдовица не можела да си позволи дори и най-дребния подарък. Тя продължила да ходи при съдията и да го моли и той продължил да отказва на молбата ѝ. Знаете ли защо един ден променил мнението си? Вижте какво заявил този неморален съдия:

„Въпреки че не се боя от Бога и човеците не зачитам, пак, понеже тази вдовица ми досажда, ще ѝ отдам правото, за да не ми дотяга с непрестанните си идвания" (Лука 18:4-5).

Вдовицата никога не се отказала и продължила да ходи при него с молбата си, затова дори и този порочен съдия накрая отстъпил на желанията на жената, която не спирала да му досажда.

В края на тази притча, която Исус използвал, за да ни даде ключа към получаването на Божиите отговори, Той заключил: *„Слушайте какво каза неправедният съдия! А Бог няма ли да отдаде правото на Своите избрани, които викат към Него ден и нощ, ако и да се бави спрямо тях? Казвам ви, че ще им отдаде правото скоро"* (Стихове 6-8).

Така, както неморалният съдия отстъпил на молбата на вдовицата, защо праведният Бог да не отговори на Неговите деца, които Му се молят? Как би могъл Бог да не им отговори бързо ако се молят да получат разрешение на определен проблем, ако постят, стоят будни цяла нощ и се борят в молитва? Сигурен съм, че много от вас са чули за случаи, когато хората получават Неговите отговори след дълго време на тържествени молитви.

В Псалми 50:15 Бог казва: *„И Ме призови в ден на напаст; и Аз ще те избавя; и ти ще Ме прославиш."* С други думи, Бог се стреми да Го почитаме като отваря на молитвите ни. Исус ни напомня в Матей 7:11, *„И така, ако вие, които сте зли, знаете да давате блага на децата си, колко повече вашият Отец, Който е на небесата, ще даде добри неща на тези, които искат от Него!"* Как би могъл Бог, който безрезервно отдал Своя един и единствен Син да умре за нас, да не отговори на молитвите на

Неговите любими деца? Бог желае да даде бързи отговори на Неговите деца, които Го обичат.

Защо толкова много хора твърдят, че нямат отговори, макар и да се молят? Божието слово изрично гласи в Матей 7:7-8: *„Искайте и ще ви се даде; търсете и ще намерите; хлопайте и ще ви се отвори; защото всеки, който иска, получава; който търси, намира; и на този, който хлопа, ще се отвори."* Ето защо не е възможно молитвата ни да остане без отговор. Бог не е в състояние да отговори на молитвата ни заради стената, която стои на пътя към Него, защото не сме се молили достатъчно или защото още не е настъпило времето да получим Неговите отговори.

Трябва винаги да се молим без да се отказваме, защото ако постоянстваме и се молим с вяра, Светият дух събаря стената, която стои между нас и Бога и открива пътя към Божиите отговори чрез разкаяние. Бог със сигурност ще ни отговори, когато молитвата ни е достатъчна в Неговите очи.

В Лука 11:5-8, Исус отново ни учи на постоянство и упоритост:

> *„Ако някой от вас има приятел и отиде при него посред нощ, и му каже: Приятелю, дай ми назаем три хляба, понеже един мой приятел дойде у дома от път и нямам какво да сложа пред него; и ако той отвътре отговори: Не ме безпокой; вратата*

е вече заключена и децата ми са с мене в леглото; не мога да стана да ти дам; казвам ви, че даже ако не стане да му даде, защото му е приятел, то поради неговата настойчивост ще стане и ще му даде колкото му трябва."

Исус ни учи, че Бог не отказва, а отговаря на упорството на Неговите деца. Когато се молим на Бога, трябва да се молим смело и с постоянство. Това не означава просто да искате, а да се молите и да настоявате с чувство на сигурност с вярата. Библията често споменава много праотци на вярата, които са получили отговор с такава молитва.

Яков ревностно се молил след като се борил с ангел край реката Явок до зазоряване, отправил голяма молба за благословия с думите: *„Няма да те пусна да си отидеш, докато не ме благословиш"* (Битие 32:26) и Бог позволил да бъде благословен. От тогава нататък, Яков бил наречен „Израел" и станал праотец на израелтяните.

В Матей 15, една ханаанка, чиято дъщеря страдала, обладана от бяс, отишла при Исус и Му извикала: *„Смили се над мене, Господи, Сине Давидов! Дъщеря ми жестоко страда, обладана от бяс."* Исус нищо не отговорил (Матей 15:22-23). Когато жената отишла за втори път, коленичила пред Него и Го умолявала, Исус казал: *„Аз не съм изпратен при други освен при изгубените овце от*

Израелевия дом" и отказал да изпълни молбата на жената (Матей 15:25-26). Жената настояла на Исус още веднъж: *„Така е, Господи; но и кученцата ядат от трохите, които падат от трапезата на господарите им"* и Исус й отговорил: *„О, жено, голяма е твоята вяра; нека бъде според желанието ти"* (Матей 15:27-28).

По подобен начин, трябва да следваме стъпките на нашите праотци на вярата в съответствие с Божието слово и винаги да се молим. Трябва да се молим с вяра, с чувство на сигурност и със страстно сърце. Трябва да станем истински последователи на Христос в нашия молитвен живот без да се отказваме, чрез вяра в нашия Бог, който ни позволява да пожънем в подходящото време.

2. Защо трябва винаги да се молим

Така, както хората не могат да живеят без да дишат, Божиите деца, които са приели Светия дух, не могат да постигнат вечен живот без да се молят. Молитвата е диалог с живия Бог и дъх за нашия дух. Ако Божиите деца, които са приели Светия дух не общуват с Него, те ще угасят огъня на Светия дух и повече няма да могат да вървят по пътя на живота, а ще тръгнат по пътя на смъртта и накрая няма да постигнат спасение.

Молитвата установява връзка с Бога и ние ще достигнем

спасение като чуем гласа на Светия дух и се учим и живеем според Божията воля. Дори и да ни сполетят беди, Бог ще ни покаже начина да ги избегнем и ще действа за нашето добро във всички неща. Чрез молитва ще изпитаме също силата на всемогъщия Бог, който ни прави по-силни, за да се противопоставим и да победим врага-дявол, а в последствие да Го възхваляваме с нашата непоколебима вяра, която прави възможно невъзможното.

Ето защо, Библията ни заповядва да се молим безспирно (1 Солунци 5:17) и това е *„Божията воля"* (1 Солунци 5:18). Исус ни дал пример за правилна молитва като се молил непрестанно според Божията воля, независимо от мястото и времето. Той се молил в пустинята, в планината и на много други места, както през нощта, така и на разсъмване.

Нашите праотци на вярата живели според Божията воля чрез постоянни молитви. Пророк Самуил казва: *„А колкото до мене, да не даде Бог да съгреша пред Господа, като престана да се моля за вас! Но ще ви уча на добрия и правия път"* (1 Царе 12:23). Молитвата е Божия воля и Негова заповед; Самуил ни казва, че пропускането на молитвата е грях.

Светските мисли обземат съзнанието ни, не ни позволяват да живеем според Божията воля и ние срещаме големи проблеми, защото не изпитваме Божията закрила, когато не се молим или сме прекъснали молитвения си живот. Ето защо, хората роптаят срещу Бога или се отклоняват още повече от Неговите пътища, когато попадат в изкушение.

Поради тази причина, 1 Петрово 5:8-9 ни напомня и ни призовава винаги да се молим: *„Бъдете трезвени, будни. Противникът ви, дяволът, обикаля като ревящ лъв, като търси кого да погълне. Съпротивете му се, като стоите твърди във вярата, като знаете, че същите страдания се понасят и от братята ви по целия свят."* Нека не се молим само когато имаме проблеми, а винаги, за да бъдем благословени Божии деца и всичките ни дела в живота да вървят добре.

3. Своевременно ще пожънем

Галатяни 6:9 гласи: *„Да не ни дотяга да вършим добро; защото ако не се уморяваме, своевременно ще пожънем."* Същото е с молитвата. Ще пожънем реколтата, когато се молим винаги според Божията воля без да се отказваме и когато настъпи подходящото време.

Ако земеделецът стане нетърпелив малко след като засее семето и го изкопае от земята или ако не се грижи добре за филизите и чака, какъв смисъл би имало да се опитва да пожъне реколтата? Необходими са всеотдайност и постоянство, за да получим отговори на нашата молитва.

Освен това, времето на жътвата е различно според вида на посаденото семе. Някои семена носят плодове след няколко месеца, докато на други са необходими години. Зеленчуците и зърнените храни се събират по-лесно от ябълките или такива редки треви като жен-шен. Нужно е да се инвестира повече време и по-голяма всеотдайност за по-ценните и по-скъпи култури.

Трябва да осъзнаете, че е необходимо да се молим повече за по-големите и по-сериозни проблеми. Пророк Даниил скърбял в продължение на три седмици и се молил непрекъснато, когато имал видение за бъдещето на Израел. Бог чул молитвата на Даниил в първия ден и изпратил ангел, за да му извести за това (Даниил 10:12). Принцът на въздушната сила задържал ангела в продължение на двадесет и един дни и той успял да отиде при Даниил едва в последния ден. Чак тогава Даниил разбрал със сигурност, че Бог чул молитвата му (Даниил 10:13-14).

Какво щеше да се случи ако Даниил се беше отказал и беше спрял да се моли? Въпреки че бил разстроен и загубил сили след като видял видението, Даниил не спрял да се моли и накрая получил Божия отговор.

Бог ни изпраща помощник и ни ръководи към Неговите отговори, когато упорстваме с вяра и се молим докато ги получим. Ето защо, ангелът, който донесъл Божиите отговори на Даниил, казал на пророка: *„Обаче князът на* персийското царство ми противостоеше двадесет и един дни; но, ето, Михаил, един от първите князе, дойде да ми помогне; и така, аз останах непотребен вече там, при персийските царе, и сега дойдох да ти помогна да разбереш какво предстои да стане с народа ти в последните дни; защото видението се отнася до далечни дни" (Даниил 10:13-14).

За какви проблеми се молите? Достига ли молитвата ви Божия трон? За да може да разбере визията, която Бог му изпратил, Даниил решил да смири себе си като не ядял никаква вкусна храна, не опитвал месо или вино, както и не използвал никакви мазила докато не завършили трите седмици (Даниил 10:3). Даниил смирил себе си за тези три седмици в тържествена молитва, Бог чул молитвата му и му отговорил на първия ден.

Обърнете внимание на факта, че били необходими три седмици докато Бог чуе молитвата му и отговорил на пророка на първия ден, за да стигне отговорът Му до Даниил. Много хора, които имат сериозен проблем, опитват да се молят в продължение на един или два дни и бързо се отказват. Подобна практика доказва слабата им вяра.

Това, от което най-много се нуждае нашето поколение днес е сърцето, с което да вярваме само на нашия Бог, който със сигурност ни отговаря, да упорстваме и да се молим, независимо кога идва Божият отговор. Как можем да очакваме да получим Божиите отговори без постоянство?

Бог дава дъжд през дъждовния сезон, както през есента, така и през пролетта и установява времето за реколтата (Еремия 5:24). Ето защо Исус е казал: *"Всичко, каквото поискате в молитва, вярвайте, че сте го получили, и ще ви се сбъдне"* (Марко 11:24). Даниил вярвал, че Бог отговарял на молитвите, упорствал и не спирал да се моли докато не получил Божия отговор.

Библията ни казва: *"А вярата е даване на твърда увереност в онези неща, за които се надяваме, убеждения за неща, които не се виждат"* (Евреи 11:1). Човек не трябва да счита, че притежава вяра и желанията му ще се сбъднат ако се откаже от молитвата, защото няма отговор. Той няма да мисли така ако има истинска вяра, а ще се моли непрекъснато без да спира, защото вярва, че Бог, който позволява да пожънем, каквото сме посели и ни отплаща според стореното, със сигурност ще му отговори.

Както гласи Ефесяни 5:7-8: *"И така, не бъдете техни съучастници. Тъй като някога бяхте тъмнина, а сега сте светлина в Господа, живейте като чеда на светлината."* Нека всеки от вас да притежава истинска вяра, да постоянства в молитвата към всемогъщия Бог, да получите всичко, за което се молите и да водите живот, изпълнен с Божията благословия, моля се в името на нашия Господ Исус Христос!

Авторът:
Д-р Джейрок Лий

Д-р Джерок Лий е роден в Муан, провинция Джионам, република Корея, през 1943 година. На двадесет години д-р Лий започва да страда от различни нелечими болести и в продължение на седем години живее в очакване на смъртта, без надежда за оздравяване. Един ден, през пролетта на 1974 г., сестра му го завежда в една църква и когато той коленичи да се помоли, живият Бог незабавно го изцелява от всички болести.

От момента в който д-р Лий опознава живия Бог чрез това прекрасно преживяване, той започва да Го обича с цялото си сърце и душа и през 1978 година е призован да стане Божий служител. Моли се пламенно, за да може ясно да разбере и изпълни Божията воля и да се подчинява безпрекословно на Божието слово. През 1982 г. основава Централната църква Манмин в Сеул, Южна Корея, където започват да се извършват безброй Божии дела, включително чудотворни изцеления.

През 1986 г. д-р Лий е ръкоположен за пастор на годишната среща на Святата корейска църква на Исус, а четири години по-късно, през 1990 г., неговите проповеди започват да се излъчват в Австралия, Русия, Филипините и много други страни чрез далекоизточната радиопредавателна компания, азиатската радиостанция и вашингтонското християнско радио.

Три години по-късно, през 1993 г., Централната църква Манмин е избрана от списание Християнски свят (САЩ) като една от 50-те водещи световни църкви и той получава титлата почетен доктор по богословие от Християнския колеж във Флорида, САЩ. През 1996 г. д-р Лий защитава докторат по християнско духовенство от Теологичната семинария Кингсуей, Айова, САЩ.

От 1993 година д-р Лий заема водещо място в световното християнско духовенство чрез участието си в редица международни инициативи в Лос Анжелис, Балтимор и Ню Йорк (САЩ), Танзания, Аржентина, Уганда, Япония, Пакистан, Кения, Филипините, Хондурас, Индия, Русия, Германия, Перу и Демократична република Конго, а през 2002 г. е обявен за «световен пастор» от главните християнски вестници в Корея благодарение на своето участие в различни международни мисии.

От март 2017 г. година паството на Централната църква Манмин наброява над 120 000 члена и 11 000 национални и чуждестранни църковни представителства в целия свят. Досега е изпратила повече от 102 мисионери във 23 страни, включително в САЩ, Русия, Германия, Канада, Япония, Китай, Франция, Индия, Кения и много други.

Досега д-р Лий е написал 106 книги, включително бестселърите *„Опитване на Вечния Живот преди Смъртта"*, *„Моят Живот, Моята Вяра I и II"*, *„Посланието на Кръста"*, *„Мярката на Вярата"*, *„Небето I и II"*, *„Адът"* и *„Божията Сила"*. Книгите му са преведени на повече от 76 езика.

Неговите християнски статии са публикувани в *The Hankook Ilbo*, *The Chosun Ilbo*, *The JoongAng Daily*, *The Dong-A Ilbo*, *The Seoul Shinmun*, *The Kyunghyang Shinmun*, *The Korea Economic Daily*, *The Korea Herald*, *The Shisa News* и *The Christian Press*.

Понастоящем Д-р Лий е ръководител на редица мисионерски организации и асоциации. Той е председател на Обединената света църква на Исус Христос, постоянен президент на Световната християнска асоциация за изцеление, основател и председател на съвета на Глобалната християнска мрежа (GCN), основател и председател на съвета на Световната мрежа на християнските лекари (WCDN) и основател и председател на съвета на Международната семинария Манмин (MIS).

Други силни книги от същия автор

Небето I & II

Подробна картина на красивата обител, на която се радват небесните жители и прекрасно описание на различните равнища на небесните царства.

Посланието на Кръста

Мощно пробуждащо послание за всички хора, които са духовно заспали! С тази книга ще разберете защо Христос е единственият Спасител и истинската Божия любов.

Ад

Ревностно послание за цялото човечество от Бога, който не иска нито една душа да попадне в Ада! Ще разкриете жестоката действителност на чистилището и ада, описана за първи път.

Дух, Душа и Тяло I & II

Ръководство за духовно разбиране на духа, душата и тялото, което ни помага да открием какъв вид „същност" сме изградили, за да добием силата да победим тъмнината и да станем хора на духа.

Мярката на Вярата

Каква обител, каква корона и какви награди са запазени за вас на небето? Тази книга дарява с мъдрост и ръководство, за да разберете вярата си и да я направите истинска и всеотдайна.

Пробуди се, Израел

Защо Бог не откъсва поглед от Израел от неговото създаване до наши дни? Какво е Божието провидение за Израел през последните дни, когато очаква Месията?

Моят Живот, Моята Вяра I & II

Силен духовен аромат, извлечен от живота, процъфтял с несравнима любов към Бога сред тъмни вълни, изпитания и дълбоко отчаяние.

Божията Сила

Задължително четиво, което ни ръководи, за да притежаваме истинска вяра и да изпитаме чудната сила на Бога.

www.urimbooks.com

www.ingramcontent.com/pod-product-compliance
Lightning Source LLC
LaVergne TN
LVHW041709060526
838201LV00043B/648